Liberté pour le Tibet

Message de paix et de tolérance

pertinences
une collection dirigée par Nicolas Grondin

Un ouvrage publié sur les conseils de
Luc Vidal

Une coédition :

Éditions L'Arganier
Un arbre au seuil du désert
26, avenue Guy de Maupassant
78400 CHATOU
Nicolas Grondin Éditeur

Éditions du Petit Véhicule
20, rue de Coudray
44000 NANTES
www.petit-vehicule.asso.fr
www.myspace.com/editionsdupetitvehicule

ISBN 978-2-912728-79-1
EAN 9782912728791
Dépôt légal : troisième trimestre 2008

Sa Sainteté le
DALAÏ-LAMA

LIBERTÉ POUR LE TIBET
Message de paix et de tolérance

Traduit de l'anglais par
Fabienne Lambard

Introduction

Dans la semaine du 10 au 18 mars 2008, à Lhassa et dans une trentaine d'autres points recensés au Tibet, des émeutes – certaines très violentes – remettent brutalement la question tibétaine à la une des médias.

À l'approche des Jeux Olympiques de Pékin, et du périple de la flamme à travers le monde, les autorités de la République populaire de Chine s'efforcent d'abord de minimiser les faits ; puis de contrôler soigneusement les informations en provenance du Toit du Monde ; enfin de mettre sévèrement en cause le dalaï-lama, dénoncé comme étant l'instigateur de ces « graves troubles ».

En fait de troubles, il s'agit du mouvement de rébellion le plus important au Tibet depuis le soulèvement de 1959 qui conduisit le dalaï-lama en exil à Dharamsala, en Inde, où il se trouve encore aujourd'hui.

En dehors de quelques témoignages, dont celui d'un journaliste présent au moment des faits, la majeure partie des informations qui rendent compte de ces événements émanent de sources chinoises. La totalité des images des mouvements de foule meurtriers du 14 mars à Lhassa, notamment, sont celles des caméras de surveillance de la Police armée du Peuple, force paramilitaire chinoise.

Ce violent coup de projecteur a provoqué un peu partout dans le monde de vives polémiques, tournant autour de la question des Droits de l'Homme en Chine et de la pertinence d'un boycott des Jeux de Pékin.

Après les manifestations qui ont émaillé le passage de la flamme olympique en Europe et ailleurs, après les Jeux eux-mêmes, il nous a semblé essentiel de mettre à la disposition des lecteurs français ces textes du chef spirituel et temporel du peuple tibétain, propres à lui permettre de se forger une opinion.

Ces textes sont de trois types.

Tout d'abord des textes antérieurs aux émeutes de mars 2008. Il était en effet important, pour ceux des lecteurs qui découvriraient le problème tibétain, de montrer l'antériorité de la réflexion globale du dalaï-lama, tant sur la question de l'autonomie du Tibet que sur la préservation de sa culture et de son environnement. À cet égard, le *Plan de paix en cinq points* (1987), les discours de Washington (1993) et de Strasbourg (2001) nous ont paru significatifs.

Ensuite, les textes qui ont directement trait aux événements tragiques du printemps 2008. Et en tout premier lieu le discours du 10 mars, qui précède les émeutes, et que la plupart des commentateurs s'accordent à qualifier de « véhément » par rapport aux autres discours commémorant traditionnellement cette date anniversaire. Quant aux textes consécutifs aux émeutes, ils précisent nombre de points, dont la question des Jeux Olympiques.

Enfin, *Une approche humaine de la Paix dans le Monde* est l'un des textes fondateurs du bouddhisme politique. Bien qu'il soit antérieur à la chute de l'Empire soviétique, il nous a paru cohérent de le donner à lire à ceux qui, sensibles ou non à la cause tibétaine, s'intéressent au concept moderne de non-violence.

août 2008
Les éditeurs

Pour joindre la représentation tibétaine en France :

Bureau du Tibet
84, boulevard Adolphe Pinard
75014 Paris
www.tibet-info.net

Plan de paix en cinq points

Adressé au comité congressiste
des Droits de l'Homme des États-Unis
le 21 septembre 1987

Le monde évolue vers une indépendance toujours croissante, de sorte qu'une paix durable – nationale, régionale et mondiale – n'est réalisable que si nous pensons en termes d'intérêts élargis plutôt qu'en besoins égoïstes.

Actuellement, il est crucial que chacun d'entre nous, le fort comme le faible, y contribue à sa propre manière. Je m'adresse aujourd'hui à vous en tant que chef des Tibétains et en tant que moine bouddhiste dévoué aux principes d'une religion fondée sur l'amour et la compassion. Mais avant tout, je suis ici en tant qu'être humain voué à partager cette planète avec vous et tous nos autres frères et sœurs. À mesure que le monde se fait plus petit, nous avons un besoin toujours plus grand les uns des autres. Cela est vrai dans toutes les régions du monde, y compris dans le continent d'où je viens.

Actuellement en Asie, comme ailleurs, les tensions sont importantes. Des conflits ouverts ont éclaté au Moyen-Orient, en Asie du Sud-Est ainsi que dans mon propre pays, le Tibet. Ces problèmes sont en grande partie les symptômes des tensions fondamentales qui divisent les grandes puissances. Afin de résoudre les conflits régionaux, il est nécessaire de trouver une solution qui prenne en compte les intérêts de tous les pays et peuples concernés, grands comme petits. À moins de formuler des solutions qui tiennent compte des aspirations des personnes les plus directement concernées, des mesures approximatives ou seulement politiques ne feraient que créer de nouveaux problèmes.

Le peuple tibétain est profondément désireux de contribuer à la paix régionale et mondiale, et je crois qu'il se trouve dans une position exceptionnelle pour pouvoir y parvenir.

Par tradition, les Tibétains sont un peuple pacifique et non-violent. Depuis l'introduction du bouddhisme au Tibet, il y a plus de mille ans, les Tibétains pratiquent la non-violence à l'égard de toute forme de vie. Cette attitude s'est également étendue aux relations internationales de notre pays.

La position hautement stratégique du Tibet au cœur de l'Asie, séparant les grandes puissances du continent comme l'Inde, la Chine et l'URSS, lui a conféré à travers l'histoire un rôle essentiel dans la préservation de la paix et de la stabilité. C'est précisément la raison pour laquelle, dans le passé, les empires d'Asie se sont donnés tant de peine pour se maintenir, les uns et les autres, hors du Tibet. L'importance du Tibet comme État tampon indépendant était fondamentale pour la stabilité de cette région.

Quand la toute nouvelle République populaire de Chine a envahi le Tibet dans les années 1949-1950, elle a été à l'origine d'une nouvelle source de conflit. Ce qui s'est accentué, suite au soulèvement national et à ma fuite en Inde en 1959, par des tensions entre la Chine et l'Inde, qui se sont aggravées jusqu'à aboutir à la guerre des frontières, en 1962. Aujourd'hui, de nombreuses troupes sont à nouveau massées des deux côtés de la frontière himalayenne et la situation est, une fois de plus, dangereusement tendue.

Le véritable problème n'est pas, naturellement, la délimitation de la frontière indo-tibétaine ; c'est l'occupation illégale du Tibet par la Chine qui lui a permis un accès direct au sous-continent indien.

Les autorités chinoises ont essayé de brouiller le problème en clamant que le Tibet a toujours fait partie de la Chine. Ceci est faux. Le Tibet était un État entièrement indépendant quand l'Armée de Libération du Peuple l'a envahi, en 1949-1950.

Puisque les empereurs tibétains ont unifié le Tibet, il y a plus de mille ans, notre pays a pu maintenir son indépendance jusqu'au milieu de ce siècle. Parfois le Tibet a prolongé son influence à des pays et des peuples voisins et, à d'autres périodes, il a lui-même dépendu de l'influence de puissants souverains étrangers — les Khans de Mongolie, les Gurkhas du Népal, les empereurs mandchous et des Anglais d'Inde.

Il n'est pas rare, bien sûr, que des États soient soumis à l'influence ou aux interférences étrangères. Bien que ces prétendues relations satellites en soient peut-être l'exemple le plus criant, la plupart des grandes puissances exercent leur influence sur leurs alliés ou voisins moins puissants. Comme l'ont démontré les études les plus approfondies en matière de droit, concernant le Tibet, jamais la soumission occasionnelle d'un pays à l'influence étrangère n'a nécessité la perte de son indépendance. Et il ne fait aucun doute que, lorsque les armées communistes de Pékin sont entrées au Tibet, celui-ci était en tous points un état indépendant.

L'agression chinoise, condamnée par presque toutes les nations du monde libre, constituait une violation flagrante du Droit international.

Alors que l'occupation militaire de la Chine se poursuit au Tibet, le Monde devrait se souvenir que — bien que les Tibétains aient perdu leur liberté —

le Tibet demeure encore aujourd'hui un État indépendant illégalement occupé, en vertu du Droit international.

Mon but n'est pas ici d'entrer dans une discussion politico-légale concernant le statut du Tibet. Je souhaite simplement souligner le fait évident et incontesté que nous, Tibétains, sommes un peuple distinct possédant ses propres culture, langue, religion et histoire. Sans l'occupation chinoise, le Tibet, aujourd'hui, continuerait à remplir son simple rôle d'État tampon et à favoriser la paix en Asie.

Mon plus cher désir, ainsi que celui des Tibétains, est de rendre au Tibet son inestimable valeur, en reconvertissant le pays entier – comportant les trois provinces d'U-Tsang, de Kham et d'Amdo – en lieu de stabilité, de paix et d'harmonie. Dans la meilleure des traditions bouddhiste, le Tibet étendrait ses services et son hospitalité à tous ceux qui favorisent la paix dans le monde, le bien-être de l'humanité et la protection de l'environnement naturel que nous partageons.

En dépit de l'holocauste infligé à notre peuple durant les dernières décennies d'occupation, j'ai toujours tâché de trouver une solution par des discussions directes et sincères avec les Chinois.

En 1982, j'ai envoyé mes représentants dans la capitale chinoise, suite au changement de pouvoir en Chine et à des contacts directs avec le gouvernement de Pékin, pour ouvrir le dialogue au sujet de l'avenir de mon pays et de mon peuple.

Nous sommes entrés en discussion dans un esprit sincère et positif, avec la volonté de prendre en considération les besoins légitimes de la République populaire de Chine. J'ai espéré que cette attitude serait réciproque et qu'on pourrait par la suite trouver une solution qui satisferait et préserverait les aspirations et les intérêts des deux parties.

Malheureusement, la Chine a uniformément répondu à nos efforts de manière défensive, comme si notre énumération des difficultés, on ne peut plus réelles, du Tibet n'était qu'une critique à son endroit.

À notre plus grande consternation, le gouvernement chinois a détourné cette occasion d'ouvrir un dialogue véritable. Au lieu d'aborder les vrais problèmes face aux six millions de Tibétains, la Chine a tenté de réduire la question du Tibet à un débat concernant *mes* propres positions.

C'est dans cette perspective, et en réponse à l'appui et aux immenses encouragements que vous, ainsi que d'autres personnes rencontrées pendant ce voyage, m'avez apporté, que je souhaite aujourd'hui clarifier les principaux aspects de la question et proposer, dans un esprit de franchise et de conciliation, de faire un premier pas vers une solution durable. Je souhaite que cela contribuera à un avenir empreint d'amitié et de coopération avec tous nos voisins, y compris le peuple chinois.

Ce plan de paix comporte cinq principes de base :

I

Transformation de la totalité du Tibet en zone de paix ;

II

Abandon de la politique de transfert de la population chinoise qui menace l'existence même des Tibétains en tant que peuple ;

III

Respect des droits fondamentaux de l'homme et libertés démocratiques du peuple tibétain ;

IV

Restauration et protection de l'environnement naturel du Tibet et abandon par la Chine de l'utilisation du Tibet pour la production d'armes nucléaires et pour le stockage des déchets nucléaires ;

V

Ouverture de négociations sérieuses concernant le futur statut du Tibet et les relations entre les peuples tibétains et chinois.

Laissez-moi à présent vous expliquer ces cinq principes.

I

Je propose que la totalité du Tibet, y compris les provinces orientales de Kham et d'Amdo, soit transformée en zone d'*Ahimsa*, un terme hindi employé pour signifier un État de paix et de non-violence. L'établissement d'une telle zone de paix serait en accord avec le rôle historique du Tibet comme nation bouddhiste et État tampon pacifique et neutre séparant les grandes puissances du continent. Cela serait également en accord avec la proposition du Népal de proclamer ce dernier « zone de paix » avec le soutien déclaré de la Chine. Cette proposition népalaise d'une zone de paix aurait un impact beaucoup plus important si elle envisageait d'y inclure le Tibet, ainsi que d'autres régions voisines.

L'établissement d'une zone de paix au Tibet exigerait le retrait des troupes chinoises et l'abandon des installations militaires du pays, ce qui permettrait également à l'Inde de retirer ses troupes et ses installations militaires des régions himalayennes qui bordent le Tibet. Ceci serait réalisé aux termes d'un accord international qui satisferait aux besoins légitimes de sécurité de la

Chine et établirait un climat de confiance entre les Tibétains, les Indiens, les Chinois et les autres peuples installés dans la région.

Un tel projet est de l'intérêt de tous, celui de la Chine et de l'Inde particulièrement, car il renforcerait la sécurité de ces États tout en diminuant le fardeau économique, contesté, que représente le maintien d'une concentration élevée de troupes aux frontières himalayennes.

Historiquement, les relations entre la Chine et l'Inde n'ont jamais été tendues. Ce n'est que lorsque les armées chinoises ont envahi le Tibet, créant pour la première fois une frontière commune, que les tensions ont surgi entre ces deux puissances, et ont finalement abouti à la guerre de 1962. Depuis lors, de nombreux incidents graves ont continué de se produire.

Le rétablissement de bonnes relations entre les deux pays les plus peuplés du monde serait considérablement facilité s'ils étaient séparés – comme ils l'ont toujours été au cours de l'histoire – par une région tampon vaste et amicale.

Les importantes forces d'occupation présentes au Tibet rappellent quotidiennement aux Tibétains l'oppression et de la souffrance qu'ils éprouvent tous. Le retrait des troupes serait le signe essentiel que des relations significatives basées sur la confiance et l'amitié, pourront, à l'avenir, s'établir avec les Chinois.

II

Il faut mettre un terme à ce transfert de population chinoise au Tibet, que le gouvernement de Pékin poursuit dans l'unique objectif de forcer la « solution définitive » au problème tibétain en ramenant la population tibétaine à une minorité insignifiante et privée de droits civiques dans son propre pays.

Le transfert massif de civils chinois au Tibet, en violation de la quatrième Convention de Genève de 1949, menace l'existence même des Tibétains en tant que peuple distinct. Dans les régions orientales de notre pays, le nombre de Chinois dépasse maintenant très largement celui des Tibétains. Dans la province d'Amdo où je suis né, par exemple, on compte, selon les statistiques chinoises, deux millions et demi de Chinois pour sept cent cinquante mille Tibétains. Même dans la prétendue « région autonome du Tibet » – *i.e.* la partie centrale et occidentale du pays –, les sources du gouvernement chinois confirment aujourd'hui la supériorité en nombre des Chinois sur les Tibétains.

La politique chinoise de transfert de population n'est pas nouvelle. Elle a systématiquement été appliquée dans d'autres régions auparavant.

Au début de ce siècle, les Mandchous représentaient une race distincte avec sa propre culture et ses propres traditions. Aujourd'hui, il ne reste que deux à trois millions de Mandchous en Mandchourie, contre soixante-quinze millions de Chinois. Dans le Turkestan oriental, que les Chinois appellent maintenant le Sin-Kiang, la population chinoise est passée de deux cent mille, en 1949, à sept millions, soit plus de la moitié de la population totale de treize millions. Suite à la colonisation chinoise de la Mongolie intérieure, le nombre de Chinois est de huit millions et demi, les Mongols étant au nombre de deux millions et demi.

Aujourd'hui, sept millions et demi de colons chinois ont déjà été envoyés partout dans le Tibet, allant jusqu'à dépasser la population tibétaine de six millions d'habitants. Au Tibet central et occidental, désigné à présent sous le nom de « région autonome du Tibet » par les Chinois, les sources chinoises reconnaissent que les un million neuf cent mille Tibétains constituent déjà une minorité au sein de la population. Ces chiffres font abstraction de l'occupation militaire au Tibet qui compte entre trois cent et cinq cent mille soldats, dont deux cent cinquante mille dans la seule « région autonome du Tibet ».

Pour que les Tibétains puissent survivre en tant que peuple, il est impératif que cesse le transfert de population et que les colons chinois retournent en Chine. Dans le cas contraire, les Tibétains ne représenteront bientôt plus qu'une attraction touristique et les vestiges d'un noble passé.

III

Les Droits fondamentaux de l'Homme et les libertés démocratiques doivent être respectés au Tibet. Le peuple tibétain doit à nouveau être libre de se développer culturellement, intellectuellement, économiquement et spirituellement, et doit pouvoir jouir à nouveau des libertés démocratiques fondamentales.

Les violations des Droits de l'Homme au Tibet comptent parmi les plus graves au Monde. La discrimination est pratiquée au Tibet dans le cadre d'une politique de « ségrégation » que les Chinois appellent « ségrégation et assimilation ». Les Tibétains sont, au mieux, considérés comme des citoyens de deuxième catégorie dans leur propre pays. Dépossédés de tous droits et libertés démocratiques fondamentaux, ils vivent sous le joug d'une administration coloniale dans laquelle la totalité du pouvoir effectif est aux mains de fonctionnaires chinois du Parti communiste et de l'armée.

Bien que le gouvernement chinois permette aux Tibétains de reconstruire certains monastères bouddhistes et de s'y recueillir, il continue d'interdire l'étude sérieuse de la religion ainsi que son enseignement. Seul un nombre restreint de personnes agréées par le Parti communiste chinois sont autorisées à vivre dans un monastère.

Tandis que les Tibétains en exil exercent leurs droits démocratiques sous une constitution que j'ai moi-même promulguée en 1963, des milliers de nos compatriotes souffrent au Tibet dans des prisons et des camps de travail, en raison de leurs convictions religieuses ou politiques.

IV

De sérieux efforts doivent être faits pour reconstituer l'environnement naturel du Tibet. Le Tibet ne devrait pas servir de terrain à la production d'armes nucléaires et au stockage des déchets nucléaires.

Les Tibétains éprouvent un grand respect pour toute forme de la vie. Ce sentiment inhérent à leur peuple est accentué par la foi bouddhiste, qui interdit de nuire à tout être sensible, humain ou animal. Avant l'invasion chinoise, le Tibet était un sanctuaire sauvage intact dans un environnement naturel unique. Malheureusement, au cours des récentes décennies, la faune et les forêts du Tibet ont été presque totalement détruites par les Chinois. Les effets sur le fragile environnement du Tibet ont été dévastateurs. Il faut protéger le peu qu'il reste au Tibet et il faut s'efforcer de restaurer l'équilibre de l'environnement.

La Chine utilise le Tibet pour la production d'armes nucléaires et il se peut qu'elle ait également commencé à stocker les déchets nucléaires dans ses sous-sols. Elle prévoit non seulement de se débarrasser de ses propres déchets nucléaires, mais également de ceux d'autres pays, qui ont d'ores et déjà accepté de payer Pékin pour se défaire de leurs matériaux toxiques.

Les dangers que cela présente sont évidents. Le manque d'intérêt dont la Chine fait preuve à l'égard de l'environnement unique et sensible du Tibet représente une menace non seulement pour les générations actuelles, mais aussi pour les générations futures.

v

Il est nécessaire d'entamer de sérieuses négociations concernant le futur statut du Tibet ainsi que les relations entre les peuples tibétains et chinois.

Nous souhaitons aborder ce sujet dans une attitude raisonnable et réaliste, dans un esprit de franchise et de conciliation et en vue de trouver une solution qui présentera pour tous un intérêt à long terme : les Tibétains, les Chinois, et tous les autres peuples concernés. Les Tibétains et les Chinois sont des peuples différents, chacun ayant son propre pays, sa propre histoire, sa propre culture, sa propre langue, et son propre mode de vie. Il faut reconnaître et respecter les différences entre les peuples.

Il n'est cependant pas nécessaire de créer des obstacles à une coopération véritable quand celle-ci pourrait être au bénéfice des deux peuples. Je crois sincèrement que si les parties concernées pouvaient se rencontrer pour discuter de leur avenir avec un esprit ouvert et le désir sincère de trouver une solution satisfaisante et équitable, une avancée serait possible. Nous devons tous nous employer à être raisonnables et sages afin de nous rencontrer dans un esprit de franchise et d'accommodement.

Permettez-moi de clore sur une note personnelle.

Je souhaite vous remercier de l'intérêt et du soutien que vous, et un si grand nombre de vos collègues et concitoyens, avez manifesté de toute part concernant la situation difficile des peuples opprimés. Le fait que vous nous ayez publiquement prouvé votre sympathie à nous, Tibétains, a déjà eu un impact positif sur l'existence de notre peuple au Tibet. Je vous demande de continuer à nous soutenir en cette période critique de l'histoire de notre pays.

BOUDDHISME & DÉMOCRATIE

Washington, D.C.
avril 1993

I

Depuis des milliers d'années, on a fait croire aux gens que seule une organisation autoritaire utilisant des méthodes disciplinaires rigides pouvait régir la société humaine. Cependant, parce que les hommes ont un désir inné pour la liberté, les forces de la liberté et de l'oppression se sont continuellement opposées tout au long de l'histoire.

Aujourd'hui, on voit clairement celle qui gagne.

L'émergence de ces puissants mouvements populaires qui ont renversé les dictatures à gauche et à droite, a prouvé de manière indiscutable que le genre humain ne peut ni tolérer la tyrannie, ni fonctionner correctement sous son emprise.

II

Bien qu'aucune de nos sociétés bouddhistes n'ait développé la moindre démocratie dans ses systèmes de gouvernement, j'éprouve personnellement une grande admiration pour la démocratie séculière. Quand le Tibet était encore libre, nous cultivions notre isolement naturel, croyant à tort pouvoir prolonger ainsi notre paix et notre sécurité. En conséquence, nous avons accordé peu d'attention aux changements qui sont survenus dans le monde extérieur. C'est à peine si nous avons remarqué que l'Inde, un de nos plus proches voisins, avait pacifiquement gagné son indépendance, et était devenue la plus grande démocratie du monde. Plus tard, nous avons appris combien il était difficile, tant dans l'arène internationale que chez soi, de partager et de jouir de la liberté en compagnie des autres plutôt que de la conserver pour soi seul.

III

Bien que les Tibétains exilés du Tibet aient été réduits au statut de réfugiés, ils ont la liberté d'exercer leurs droits. Nos frères et sœurs du Tibet, eux, ont beau être dans leur propre pays, on ne leur accorde pas même le droit de vivre. Par conséquent, c'est à ceux d'entre nous qui sont en exil que revient la responsabilité de réfléchir et d'élaborer des plans pour le futur Tibet. C'est ainsi qu'au cours des années, nous avons essayé par divers moyens de réaliser un véritable modèle démocratique. La connaissance qu'ont tous les exilés tibétains du mot « démocratie » démontre ceci.

IV

J'ai longtemps espéré le moment où nous pourrions concevoir un système politique adapté à la fois à nos traditions et aux exigences du monde moderne. Une démocratie dont la non-violence et la paix seraient les racines. Nous avons récemment initié des changements qui, plus tard, démocratiseront et renforceront notre administration en exil. Pour plusieurs raisons, j'ai décidé que je ne serai ni le chef, ni ne jouerai de rôle au gouvernement lorsque le Tibet deviendra indépendant. Le futur chef du gouvernement tibétain doit être une personne reconnue et élue par le peuple. Une telle étape présente de nombreux avantages et elle nous permettra de devenir une démocratie vraie et entière. J'espère que ces évolutions permettront au peuple du Tibet d'avoir voix au chapitre pour déterminer l'avenir de son pays.

V

Nos principes démocratiques ont atteint les Tibétains partout dans le monde. Je crois que les générations futures considéreront ces changements comme une réussite majeure de notre expérience de l'exil. De la même façon que l'introduction du bouddhisme au Tibet a cimenté notre nation, je suis confiant en une démocratisation de notre société qui, venant ajouter à la vitalité des Tibétains, donnera la possibilité aux institutions exécutives de refléter leurs besoins et leurs aspirations sincères.

VI

L'idée que les gens puissent vivre ensemble en individus libres, égaux par essence, et par là responsables les uns des autres, s'accorde tout à fait avec l'état d'esprit bouddhiste. En tant que bouddhistes, nous, Tibétains, vénérons la vie humaine comme le plus précieux des cadeaux et considérons la philosophie et l'enseignement du Bouddha comme la voie qui mène au stade le plus élevé de la Liberté. Un but qu'hommes et femmes doivent pareillement atteindre.

VII

Le Bouddha a vu que le véritable but de la vie était le bonheur. Il a également vu que, tandis que l'ignorance lie des êtres dans une frustration et une douleur infinies, la sagesse, elle, les libère.

La démocratie moderne est fondée sur le principe que tous les êtres humains sont essentiellement égaux, que chacun d'entre nous possède le même droit à la vie, à la liberté, et au bonheur.

Le bouddhisme, lui aussi, reconnaît aux êtres humains le droit à la dignité. Il reconnaît également que tous les membres de la famille humaine ont un droit identique et inaliénable à la liberté, non seulement en termes de liberté politique, mais également au niveau fondamental d'absence de crainte et de besoin. Indépendamment de notre richesse ou de notre pauvreté, que l'on soit instruit ou inculte, que l'on appartienne à une nation ou à une autre, à une religion ou à une autre, que l'on adhère à cette idéologie-ci ou à celle-là, chacun de nous est juste un être humain comme n'importe quel autre. Non seulement nous désirons tous le bonheur et cherchons à éviter la souffrance, mais chacun de nous possède un droit identique à poursuivre ces objectifs.

VIII

L'institution établie par le Bouddha était le *Sangha*, ou la communauté monastique, qui fonctionnait dans un cadre en grande partie démocratique. Au sein de cette confrérie, les individus étaient égaux, quelles que soient leur classe sociale ou leur caste. La seule légère différence de statut dépendait de l'ancienneté de l'ordination. La liberté individuelle, illustrée par la libération ou l'édification était le principal centre de préoccupation de la communauté tout entière, et on l'atteignait par la méditation de l'esprit.

Néanmoins, on menait les relations au jour le jour sur les bases de générosité, de considération et de gentillesse envers autrui.

C'est en poursuivant leur vie sans foyer que les moines se sont détachés du souci de la propriété. Ils n'ont cependant pas vécu dans l'isolement total. Leur coutume de demander l'aumône n'a servi qu'à renforcer leur conscience de dépendance à l'égard des autres.

Au sein de la communauté, les décisions étaient votées, et les différences aplanies par consensus. Ainsi, le Sangha a servi à la fois de modèle d'égalité sociale, d'exemple de partage des ressources et de processus démocratique.

IX

Le bouddhisme est essentiellement une doctrine pratique. Lorsque celle-ci aborde le problème fondamental de la douleur humaine, elle n'insiste pas sur une solution unique. Alors qu'elle reconnaît que les êtres humains diffèrent largement par leurs besoins, dispositions et capacités, elle reconnaît également que les chemins vers la paix et le bonheur sont nombreux.

En tant que communauté spirituelle, sa cohésion a jailli d'un sentiment unificateur de confrérie et de fraternité. Le bouddhisme a perduré pendant plus de deux mille cinq cents ans sans la moindre autorité centralisée apparente.

Il s'est épanoui sous diverses formes tout en renouvelant très souvent, par l'étude et la pratique, les racines de l'enseignement du Bouddha. Ce genre d'approche pluraliste, qui définit la responsabilité intrinsèque des individus, est infiniment en accord avec des perspectives démocratiques.

X

Nous désirons tous la liberté, mais ce qui distingue les êtres humains les uns des autres est leur intelligence propre. En tant qu'humains libres, nous pouvons, grâce à notre intelligence unique, essayer de nous comprendre les uns les autres ainsi que de comprendre le Monde.

Le Bouddha a expliqué que ses disciples ne devaient surtout pas prendre ce qu'il a dit au pied de la lettre, mais qu'ils se devaient d'examiner et l'évaluer ses paroles tout comme l'orfèvre évalue la qualité de l'or. Cependant si l'on nous empêche d'exercer notre discrimination et notre créativité, nous perdons une des caractéristiques essentielles de l'être humain.

C'est pourquoi la liberté politique, sociale et culturelle, nécessaire à la démocratie, possède une valeur et une importance capitales.

XI

Aucun système gouvernemental n'est parfait, mais c'est le système démocratique qui est le plus proche de notre nature essentielle d'humain. C'est également la seule base stable sur laquelle on puisse établir une structure politique globale, juste et libre. Ainsi, il est dans l'intérêt de tous que ceux d'entre nous qui profitent déjà de la démocratie soutiennent activement le droit de chacun à en profiter pareillement.

XII

Bien que le communisme ait embrassé de nombreux idéaux nobles, dont l'altruisme, le fait que les élites du gouvernement aient essayé de dicter leurs opinions s'est avéré désastreux. Ces gouvernements ont déployé d'immenses efforts pour diriger leurs sociétés et pour inciter leurs citoyens à travailler pour le bien commun.

Dans un premier temps, une organisation rigide a pu être nécessaire pour vaincre les régimes tyranniques qui précédaient. Une fois cet objectif atteint, cependant, une telle rigidité ne servait pas à grand-chose pour contribuer à l'élaboration d'une société véritablement coopérative.

Le communisme a totalement échoué parce qu'il s'est appuyé sur la force pour promouvoir ses convictions. Finalement, la nature humaine n'a pas pu soutenir la douleur qu'elle avait engendrée.

XIII

La force brutale, quelle que soit la puissance avec laquelle elle est employée, ne peut jamais soumettre le désir humain essentiel de liberté. Les centaines de milliers de personnes qui ont manifesté dans les villes d'Europe de l'Est l'ont prouvé. Elles ont simplement exprimé leur besoin humain de liberté et de démocratie. Leurs revendications n'avaient rien à voir avec quelque idéologie nouvelle ; elles étaient simplement l'expression de leur désir sincère de liberté.

Il est insuffisant, contrairement à ce que les systèmes communistes ont supposé, de ne fournir aux gens que la nourriture, le toit et l'habillement.

Notre nature plus profonde exige que nous respirions le précieux air de la liberté.

XIV

Les révolutions pacifiques des pays de l'ex-Union soviétique, et d'Europe de l'Est, nous ont donné plusieurs leçons importantes.

L'une d'elles est la valeur de la vérité.

Les gens n'aiment pas qu'un individu ou un système les persécutent, les trompent ou leur mentent. De tels comportements sont contraires à l'esprit humain essentiel.

Par conséquent, ceux qui pratiquent la tromperie et qui utilisent la force peuvent obtenir un considérable succès à court terme, mais qui par la suite sera anéanti.

XV

La vérité est la meilleure garantie et la véritable assise de la liberté et de la démocratie.

Peu lui importe que vous soyez faible ou fort, ou que votre cause mobilise beaucoup ou très peu d'individus, la vérité régnera toujours.

Récemment, nous avons connu plusieurs mouvements de liberté couronnés de succès. Ils étaient nés de l'expression authentique des sentiments fondamentaux des gens.

Ceci est un précieux rappel que, très souvent dans notre vie politique, la vérité fait cruellement défaut.

C'est principalement dans la conduite des relations internationales que nous accordons particulièrement peu de respect à la vérité.

Inévitablement, les nations les plus faibles sont manœuvrées et opprimées par les plus fortes, exactement de la même façon que les membres les plus faibles de la plupart des sociétés souffrent lorsqu'ils sont à la merci des plus riches et des plus puissants. Dans le passé, il était courant de rejeter l'expression de vérité sous le simple prétexte qu'elle manquait de réalisme, mais ces dernières années nous ont montré combien la vérité représentait au contraire une force immense dans l'esprit humain, et, de ce fait, dans la formation de l'histoire.

XVI

À mesure que nous nous rapprochons de la fin du XXe siècle, nous constatons que le monde s'est resserré et que les peuples du Monde sont presque devenus une communauté unique.

Nous nous rassemblons également autour des problèmes graves que nous devons affronter : le surpeuplement, la diminution des ressources naturelles, ainsi que la crise environnementale qui menacent le principe même de notre existence sur cette petite planète que nous partageons.

Je considère que, pour relever le défi de notre temps, les êtres humains devraient développer un plus grand sens de la responsabilité universelle. Chacun de nous doit apprendre à travailler non simplement pour lui-même, sa propre famille ou sa nation, mais au profit de toute l'humanité. La responsabilité universelle est la véritable clef de la survie humaine.

C'est la meilleure assise pour la paix du Monde, l'utilisation équitable des ressources naturelles, et le soin approprié à l'environnement.

XVII

Ces besoins urgents de coopération ne peuvent que renforcer le genre humain, parce qu'ils nous aident à comprendre que la base la plus sûre pour le nouvel ordre mondial ne réside pas simplement dans de plus larges alliances politiques et économiques, mais dans la pratique individuelle véritable de l'amour et de la compassion.

Ces qualités sont l'ultime source du bonheur humain, et le besoin que nous en avons réside au fin fond de notre être. La pratique de la compassion n'est pas simplement le symptôme d'un idéalisme rêveur, mais le moyen le plus efficace de trouver les meilleurs intérêts pour les autres aussi bien que pour soi-même.

Plus nous – aussi bien en tant que nation qu'en tant qu'individu – dépendons des autres, plus nous avons intérêt à assurer leur bien-être.

XVIII

En dépit des rapides avancées de la civilisation au cours de ce siècle, je crois que la cause la plus immédiate de notre actuel dilemme est l'importance anormale que nous accordons au seul développement matériel.

Nous avons mis tant d'énergie à l'obtenir que, sans même le savoir, nous avons négligé d'entretenir les besoins humains les plus fondamentaux d'amour, de bonté, de coopération et d'attention. Si nous ne connaissons personne, ou si nous ne nous sentons pas liés à un individu, ou à un groupe particulier, nous négligeons simplement leurs besoins.

Et pourtant, le développement de la société humaine est entièrement basé sur l'entraide.

Une fois que nous aurons perdu l'humanité fondamentale qui est notre essence, quel sera l'intérêt d'obtenir uniquement l'amélioration matérielle?

XIX

Dans les circonstances actuelles, personne ne peut se permettre d'affirmer que quelqu'un d'autre résoudra ses problèmes. Chaque individu a sa responsabilité dans l'aide qu'il apporte pour guider notre famille globale dans la bonne direction, et nous devons chacun assumer cette responsabilité.

Ce que nous devons viser est la cause commune de notre société.

Si la société dans son ensemble vit dans l'aisance, chaque individu ou association qui lui appartient en bénéficiera. Il sera naturellement heureux.

Cependant, si la société s'effondre dans son ensemble, alors vers qui pourrons-nous nous tourner pour nous défendre, et pour exiger nos droits?

XX

Moi, par exemple, je crois sincèrement que les individus peuvent changer la société. En tant que moine bouddhiste, j'essaye de promouvoir moi-même la compassion — pas uniquement du point de vue religieux, mais aussi du point de vue humanitaire.

Pour m'encourager dans cette attitude altruiste, je trouve parfois utile de m'imaginer, moi d'un côté — en tant que simple individu —, face de l'autre à un énorme rassemblement de tous les êtres humains.

Alors je m'interroge : « Quels intérêts sont les plus importants ? »

Il est alors bien évident pour moi que, quelque important que je puisse me sentir, je suis seulement un, alors que les autres forment la majorité.

Discours de Sa Sainteté le dalaï-lama
AU PARLEMENT EUROPÉEN
Strasbourg
24 octobre 2001

Madame la Présidente, honorables Membres du Parlement, mesdames et messieurs.

C'est un grand honneur pour moi de m'adresser au Parlement européen. Je crois que l'Union européenne constitue la démonstration de la réussite d'une coexistence mutuelle et pacifique de nations et de peuples différents, et elle représente une grande source d'inspiration pour tous ceux qui, comme moi, croient fortement en la nécessité d'une meilleure entente, d'une collaboration plus étroite, et d'un plus grand respect entre les diverses nations du monde.

Je vous remercie de cette aimable invitation. Je la considère comme un geste d'encouragement qui témoigne de votre sympathie et de votre intérêt véritables pour le destin tragique du peuple tibétain.

Je m'adresse aujourd'hui à vous en tant que simple moine bouddhiste, élevé et instruit selon les traditions ancestrales. Je ne suis pas expert en sciences politiques, mais ma longue vie d'étude et de pratique du bouddhisme ainsi que ma responsabilité et mon engagement dans la lutte non-violente pour la liberté du peuple tibétain m'ont conduit à des expériences, et m'ont suggéré des réflexions, que je voudrais partager avec vous.

Il est évident que la communauté humaine a atteint un point critique de son histoire. Le monde d'aujourd'hui exige que nous acceptions l'humanité comme un tout.

Dans le passé, les communautés pouvaient se permettre de s'envisager l'une l'autre comme fondamentalement distinctes. Mais aujourd'hui, comme nous l'avons constaté lors des récents événements tragiques aux États-Unis, ce qui se produit dans une région peut par la suite en affecter beaucoup d'autres. Le monde devient de plus en plus interdépendant. Dans ce nouveau contexte, l'intérêt de chacun réside expressément dans la prise en compte de l'intérêt d'autrui. Si nous ne cultivons ni ne promouvons pas un sens de la responsabilité universelle, notre avenir même est en danger.

Je crois fortement que nous devons en toute conscience développer notre sens de la responsabilité universelle. Nous devons apprendre à agir non seulement pour nous-même, notre famille ou notre nation, mais aussi au profit de toute l'humanité.

La responsabilité universelle est la meilleure base pour construire à la fois notre bonheur personnel et la paix dans le monde, pour définir une utilisation équitable des ressources naturelles et — dans le souci des générations futures — pour apporter à l'environnement un soin approprié.

Un grand nombre de problèmes et de conflits mondiaux surgissent parce que nous avons perdu de vue cette humanité fondamentale qui nous lie tous ensemble comme les membres d'une même famille humaine.

Nous avons tendance à oublier qu'en dépit de la diversité raciale, religieuse, culturelle, linguistique, idéologique etc., les hommes sont égaux dans leur désir fondamental de paix et de bonheur : nous voulons tous être heureux et nous ne voulons pas souffrir. Nous nous efforçons de satisfaire ces désirs du mieux que nous le pouvons.

Néanmoins, même si nous faisons l'éloge de la diversité en théorie, nous ne la respectons malheureusement pas souvent dans la pratique. En fait, notre incapacité à tenir compte de la diversité devient la source majeure des conflits entre les peuples.

C'est un fait particulièrement triste de l'histoire humaine que des conflits surgissent au nom de la religion.

Aujourd'hui encore, des individus sont tués, leurs communautés détruites et leurs sociétés déstabilisées en raison d'un recours abusif à la religion, à cause de l'encouragement au fanatisme et à la haine religieux.

Selon mon expérience personnelle, la meilleure manière de surmonter l'obstruction à l'harmonie interreligieuse, et d'amener la compréhension, est d'entrer en dialogue avec ceux qui ont foi en d'autres traditions. Ceci me paraît possible de plusieurs manières différentes.

Dans mon propre cas, par exemple, mes rencontres, vers la fin des années soixante, avec feu Thomas Merton, un moine trappiste, m'ont profondément inspiré. Elles m'ont aidé à développer une admiration profonde pour les enseignements du christianisme. J'estime également que les réunions entre les différents chefs religieux, ainsi que le fait de se rassembler pour prier ensemble sur une même estrade sont des expériences extrêmement puissantes, comme cela a été le cas en 1986 lors du rassemblement à Assise, en Italie.

Le Sommet pour la Paix mondiale aux Nations Unies qui, l'an dernier, avait rassemblé des chefs religieux et spirituels, a également été une étape louable. Toutefois, nous avons besoin de voir se multiplier ce genre d'initiatives.

Pour ma part, en signe de respect pour les autres traditions religieuses, je suis allé en pèlerinage à Jérusalem, le lieu saint de trois des plus grandes religions du monde. J'ai visité de nombreux lieux saints hindous, musulmans, chrétiens, jaïnistes et sikhs, à la fois en Inde et ailleurs.

Durant ces trente dernières années, j'ai rencontré de nombreux chefs religieux de traditions différentes avec lesquels j'ai débattu de l'harmonie et des échanges interreligieux.

Lorsque de telles discussions ont lieu, les fidèles d'une tradition constatent, comme c'est le cas pour la leur, que les enseignements des autres croyances sont une source à la fois d'inspiration spirituelle et de préceptes moraux. Il apparaît alors clairement qu'indépendamment des différences doctrinales, toutes les religions principales du Monde aident les individus à se transformer en êtres humains ac-complis.

Toutes prônent l'amour, la compassion, la patience, la tolérance, le pardon, l'humilité, l'autodiscipline, etc. Nous devons donc embrasser le concept de pluralité y compris dans le domaine religieux.

Dans le cadre de notre communauté globale naissante, toutes les formes de violence, y compris la guerre, sont des moyens totalement inappropriés pour régler les conflits. La violence et la guerre ont toujours fait partie de l'histoire humaine et il y avait autrefois des gagnants et des perdants.

Cependant, si un autre conflit mondial devait de se produire aujourd'hui, il n'y aurait aucun gagnant. Nous devons donc, à long terme, avoir le courage et la prévoyance de réclamer un monde sans armes nucléaires ni armées nationales. Tout particulièrement à la lumière des terribles attaques qui ont eu lieu aux États-Unis, la communauté internationale doit sincèrement s'efforcer d'utiliser cette expérience horrible et choquante pour développer un sens de la responsabilité universelle, responsabilité grâce à laquelle on emploierait la culture du dialogue et de la non-violence pour résoudre les conflits.

Le dialogue est la seule manière sensée et intelligente de résoudre les différends et les conflits d'intérêts, qu'il s'agisse d'individus ou de nations.

La promotion d'une culture du dialogue et de la non-violence est une tâche incontournable de la communauté internationale pour l'avenir de l'humanité.

Il est insuffisant pour les gouvernements d'approuver le principe de la non-violence sans le soutenir et le promouvoir efficacement par des actes. S'il appartient à la non-violence de régner, il faut assurer efficacité et succès aux mouvements non violents.

Certains considèrent le XXe siècle comme celui de la guerre et du carnage. Je crois que le défi qui nous est aujourd'hui lancé est de faire de ce nouveau siècle celui du dialogue et de la non-violence.

Par ailleurs, face aux conflits, nous manquons trop souvent de jugement et de courage. Nous ne prêtons pas une attention suffisante aux situations potentiellement conflictuelles lorsque celles-ci n'en sont qu'à leurs prémices. Une fois que toutes les circonstances d'un conflit ont abouti, chez des individus ou une communauté, à un climat d'émotion et de tension intenses, il est extrêmement difficile, voire impossible d'empêcher la situation d'éclater. Nous avons vu cette situation tragique se répéter maintes et maintes fois. Aussi devons-nous apprendre à détecter les signes avant-coureurs du conflit et avoir le courage de traiter ce problème avant qu'il n'atteigne son point critique.

Je reste convaincu que la plupart des conflits humains peuvent être résolus par un dialogue véritable conduit dans un esprit d'ouverture et de réconciliation.

En conséquence, j'ai cherché à résoudre le problème tibétain par la non-violence et le dialogue. Dès le tout début de l'invasion du Tibet, j'ai tenté de travailler avec les autorités chinoises afin de parvenir à une coexistence mutuellement acceptable et paisible.

Même lorsque le prétendu « Accord en dix-sept points pour la libération pacifique du Tibet » nous a été imposé, j'ai essayé de travailler avec les autorités chinoises. Après tout, par cet accord, le gouvernement chinois reconnaissait la singularité et l'autonomie du Tibet et s'engageait à ne pas lui imposer son système contre son gré.

Cependant, en enfreignant cet accord, les autorités chinoises ont imposé aux Tibétains leur idéologie rigide et étrangère, et ont montré leur peu de respect pour la culture, la religion et le mode de vie spécifiques des Tibétains. Par désespoir, le peuple tibétain s'est soulevé contre les Chinois. Fin 1959, j'ai dû fuir mon pays afin de continuer à le servir.

Pendant plus de quatre décennies après mon évasion, le Tibet a été sous l'entière domination du gouvernement de la République populaire de Chine.

On connaît bien aujourd'hui les destructions et l'immense douleur infligées au peuple du Tibet, et je ne souhaite pas revenir sur ces événements tristes et douloureux.

La « Pétition en 70 000 caractères », adressée par l'ancien Panchen Lama au gouvernement chinois est aujourd'hui un document historique qui permet d'illustrer la politique draconienne et les actions menées par la Chine au Tibet.

Le Tibet continue aujourd'hui d'être un pays occupé, opprimé, et marqué par la force, la crainte et la souffrance. En dépit des quelques progrès en matière de développement et d'économie, le Tibet fait toujours face à des problèmes fondamentaux de survie.

De sérieuses violations des Droits de l'Homme sont perpétrées sur l'ensemble du Tibet et sont souvent le résultat de politiques de discrimination raciale et culturelle. Elles ne sont pourtant que le symptôme et la conséquence d'un problème plus profond : les autorités chinoises envisagent la culture et la religion spécifiques tibétaines comme une menace séparatiste.

Pour cette raison, et à cause de ces politiques délibérées, un peuple entier, avec sa culture et son identité uniques, est menacé d'extinction.

J'ai mené cette lutte pour la liberté tibétaine selon la voie de la non-violence et j'ai constamment recherché une solution mutuellement acceptable au problème tibétain par des négociations et dans un esprit de réconciliation et de compromis avec la Chine.

C'est dans cet esprit-là qu'en 1988, dans ce même Parlement de Strasbourg, j'ai présenté une proposition formelle de négociations, qui, je l'espère, servira de base à la résolution du problème tibétain.

J'avais délibérément choisi le Parlement européen, comme lieu de rendez-vous pour présenter les réflexions qui devaient servir de cadre aux négociations, afin de mettre en évidence le fait qu'une union véritable ne peut spontanément aboutir que lorsqu'elle présente des avantages pour toutes les parties concernées. L'Union européenne en est l'exemple manifeste et convaincant.

D'un autre côté, un pays ou même une communauté unie, peut se diviser en deux entités ou plus lorsque la confiance et les avantages font défaut et que la force est employée comme règle principale.

Ma proposition, connue par la suite sous le nom d'« Approche de la voie du milieu » ou de « Proposition de Strasbourg », prévoit que le Tibet puisse jouir d'une autonomie véritable dans la structure même de la République populaire de Chine.

Il ne s'agit cependant pas ici de cette autonomie de papier qu'envisageait l'« Accord en dix-sept points » qui nous a été imposée il y a cinquante ans. Il s'agit de celle du Tibet authentiquement autonome, avec des Tibétains pleinement responsables de leurs affaires domestiques, comme l'éducation des enfants, les sujets religieux, la culture, le soin qu'ils apportent à leur fragile et précieux environnement ainsi que de l'économie locale. Pékin conserverait la charge de la politique étrangère et de la défense.

Cette solution rehausserait considérablement l'image internationale de la Chine et contribuerait à sa stabilité et à son unité – deux priorités essentielles pour Pékin – tandis que, dans le même temps, les Tibétains seraient assurés de leurs droits fondamentaux et de leur liberté de préserver leur propre civilisation tout en protégeant le fragile environnement du plateau tibétain.

Depuis lors, notre relation avec le gouvernement chinois a connu des hauts et des bas. À mon grand regret, je dois vous informer que, par manque de volonté politique manifeste de la part des Chinois à aborder sérieusement le problème du Tibet, aucune évolution n'a pu avoir lieu.

Pendant toutes ces années, mes initiatives et mes tentatives pour engager le dialogue avec les autorités chinoises sont demeurées à sens unique.

En septembre dernier, par le biais de l'ambassade de Chine à New Delhi, je leur ai communiqué notre souhait d'envoyer une délégation à Pékin afin de fournir un mémorandum détaillé de mes réflexions sur la question du Tibet d'expliquer et d'argumenter les divers points de ce mémorandum.

Je leur ai fait savoir que c'était par des réunions en tête-à-tête que nous réussirions à clarifier les malentendus et à surmonter notre méfiance.

J'ai exprimé ma profonde conviction qu'une fois que nous y serions parvenus, il ne serait guère difficile de trouver une solution mutuellement acceptable.

Mais jusqu'à aujourd'hui, le gouvernement chinois persiste à refuser de recevoir ma délégation.

Il est évident que l'attitude de Pékin s'est sensiblement durcie par rapport aux années quatre-vingt, où six délégations tibétaines en exil avaient été reçues. Quelque explication que Pékin puisse donner des relations entre le gouvernement chinois et moi-même, je dois pour ma part déclarer clairement ici que le gouvernement chinois refuse toujours de parler aux représentants auxquels j'ai assigné cette tâche.

L'incapacité des autorités chinoises à répondre favorablement à mon « approche de la voie du milieu » ravive, pour les Tibétains, le soupçon selon lequel le gouvernement chinois ne perçoit pas l'intérêt d'une quelconque coexistence pacifique.

De nombreux Tibétains croient la Chine déterminée à assimiler et absorber complètement le Tibet par la force. Ils réclament l'indépendance du Tibet et critiquent mon « approche de la voie du milieu ». D'autres préconisent un référendum au Tibet. Ils affirment que si les conditions à l'intérieur du Tibet sont comme les autorités chinoises les dépeignent et que les Tibétains sont vraiment heureux, alors il ne devrait pas être difficile d'organiser un plébiscite au Tibet.

J'ai également toujours maintenu qu'en définitive, les Tibétains devraient être en mesure de décider de l'avenir du Tibet, comme Pandit Jawaharlal Nehru, le Premier ministre de l'Inde, l'a indiqué au Parlement indien, le 7 décembre 1950 :
La dernière voix qui doive s'exprimer sur le Tibet devrait être la voix du peuple tibétain, et celle de personne d'autre.

Même si nous rejetons fermement l'utilisation de la violence comme moyen de lutte pour la liberté, nous avons assurément le droit d'explorer toutes les autres options politiques possibles.

Je suis un partisan dévoué de la liberté et de la démocratie et pour cette raison, j'ai encouragé les Tibétains en exil à suivre le processus démocratique. Aujourd'hui, les réfugiés tibétains peuvent être comptés parmi les rares communautés en exil à avoir établi les trois piliers de la démocratie : les pouvoirs législatif, judiciaire et exécutif.

Cette année, nous avons accompli une autre grande avancée dans le processus de démocratisation en faisant élire le Président du Cabinet tibétain au suffrage universel.

Le gouvernement et son président ainsi élus, de même que le parlement composé également de députés élus, assumeront la responsabilité de diriger les affaires courantes en tant que représentants légitimes du peuple tibétain.

Toutefois, je considère comme un devoir moral envers les six millions de Tibétains de continuer à travailler à la question tibétaine avec les dirigeants chinois et d'agir en tant que libre porte-parole des Tibétains jusqu'à ce que nous soyons parvenus à une solution.

En l'absence de réponse favorable du gouvernement chinois à mes propositions de toutes ces années, mon unique alternative est de faire appel aux membres de la communauté internationale.

Il est clair maintenant que seuls des efforts internationaux répétés, concertés et solides persuaderont Pékin de changer sa politique à l'égard du Tibet.

Bien que la réaction immédiate, côté chinois, risque fort d'être négative, je crois néanmoins fortement que les témoignages d'intérêt et de soutien internationaux sont essentiels pour créer un environnement favorable à la résolution pacifique du problème tibétain.

En ce qui me concerne, je reste fidèle au processus du dialogue. Je crois fermement que le dialogue, ainsi que la volonté de regarder avec honnêteté et clairvoyance la réalité du Tibet, peuvent nous conduire à une solution mutuellement salutaire qui contribuera à la stabilité et à l'unité de la République populaire de Chine et assurera aux Tibétains le droit de vivre dans la liberté, la paix et la dignité.

Madame la Présidente, honorables membres du Parlement, frères et des sœurs du Parlement européen, je me considère comme le libre porte-parole de mes compatriotes, hommes et femmes, qui vivent en captivité.

Il est de mon devoir de parler en leur nom.

Ce n'est pas sous l'emprise de la colère ou de la haine de ceux qui sont responsables de l'immense souffrance de notre peuple, de la destruction de notre terre, de nos foyers, de nos temples, de nos monastères et de notre culture que je le fais. Ce sont, eux aussi, des êtres humains qui luttent pour trouver le bonheur, et ils méritent notre compassion.

Je m'exprime pour vous informer de la triste situation dans laquelle se trouve aujourd'hui mon pays et des aspirations de mon peuple, parce que dans notre lutte pour la liberté, la vérité est la seule arme que nous possédions.

Aujourd'hui, notre peuple, notre riche acquis culturel, ainsi que notre identité nationale − spécifiques − font face à la menace de l'extinction. Nous avons besoin de votre appui pour survivre en tant que peuple et en tant que culture.

Quand on considère la situation à l'intérieur du Tibet, celle-ci semble presque désespérée face à la répression croissante, à la destruction continue de notre environnement, et au travail de sape systématique et continuel de la culture et de l'identité du Tibet.

Et pourtant, je crois que quelles que soient sa grandeur et sa puissance, la Chine n'est toujours qu'une partie du monde.

L'actuelle tendance à la mondialisation nous achemine aujourd'hui vers une plus grande ouverture, une plus grande liberté, une plus grande démocratie et un plus grand respect des Droits de l'Homme.

Tôt ou tard, la Chine devra suivre cette évolution et, à long terme, elle ne pourra en aucun cas échapper à la vérité, à la justice et à la liberté. Puisque le problème tibétain est étroitement lié à ce qui se passe en Chine, je crois qu'il y a là une sage raison d'espérer.

L'engagement solide et fondé sur des principes communs qui lie le Parlement européen à la Chine va accélérer ce processus de changement qui a déjà été amorcé. Je voudrais remercier le Parlement européen pour sa persévérance à diffuser ce qui a trait à la lutte tibétaine non-violente pour la liberté. Votre sympathie et votre appui ont toujours été une source profonde d'inspiration et d'encouragement pour les Tibétains à l'intérieur et à l'extérieur du Tibet.

Les nombreuses résolutions du Parlement européen sur le problème du Tibet ont considérablement aidé à faire la lumière sur la situation difficile des Tibétains et à éveiller à la cause du Tibet la conscience publique et les gouvernements d'Europe et du monde entier. Je suis particulièrement encouragé par la résolution du Parlement européen de réclamer la nomination d'un représentant spécial de l'Union européenne pour le Tibet.

Je crois fermement que l'application de cette résolution permettra à l'Union européenne non seulement de favoriser, de façon plus cohérente, plus efficace et créative, la résolution pacifique du problème tibétain, mais également de fournir un soutien à d'autres besoins légitimes des Tibétains, y compris les moyens de préserver notre identité spécifique.

Cette initiative sera également un signal fort adressé à Pékin : l'Union européenne est déterminée à encourager et favoriser la solution au problème tibétain.

Je ne doute pas que vos témoignages constants d'attention et de soutien envers le Tibet aient un impact positif à long terme et permettent de créer un environnement politique susceptible d'élaborer un dialogue constructif sur la question du Tibet. Je vous demande votre appui continuel en ce moment critique de l'histoire de notre pays.

Je vous remercie de m'avoir offert l'opportunité de partager mes pensées avec vous.

Déclaration de Sa Sainteté le dalaï-lama lors du
**49ème ANNIVERSAIRE
DU JOUR DU SOULÈVEMENT
NATIONAL TIBÉTAIN**
Dharamsala, le 10 mars 2008

À l'occasion du quarante-neuvième anniversaire du soulèvement pacifique des Tibétains à Lhassa, le 10 mars 1959, j'offre mes prières et rends hommage à ces vaillants hommes et femmes du Tibet qui ont enduré d'indicibles épreuves et qui ont sacrifié leurs vies pour la cause tibétaine, et j'exprime ma solidarité avec les Tibétains qui actuellement subissent répression et mauvais traitements.

J'étends également mes salutations aux Tibétains du Tibet intérieur et aux exilés, défenseurs de la cause tibétaine, et à tous ceux qui sont épris de justice.

Pendant presque six décennies, les Tibétains de l'ensemble du Tibet, connu alors sous le nom de Cholkha-Sum – U-Tsang, Kham et Amdo – ont dû vivre dans un état constant de crainte, d'intimidation et de suspicion sous la répression chinoise.

Néanmoins, tout en préservant leur foi religieuse, leur sens du nationalisme et leur culture unique, les Tibétains ont pu garder vivante leur aspiration première pour la liberté. J'éprouve une grande admiration pour cette spécificité des Tibétains et pour leur indomptable courage. Je suis extrêmement satisfait et fier d'eux.

Plusieurs gouvernements, organisations non gouvernementales et individus à travers le monde, ont uniformément soutenu la cause du Tibet par amour pour la paix et la justice. Plus particulièrement au cours de cette dernière année, les gouvernements et les habitants de nombreux pays ont accompli des gestes importants qui nous ont clairement prouvé leur appui. Je voudrais exprimer ma gratitude à chacun d'entre eux.

Le problème du Tibet est très complexe.
Il est intrinsèquement lié à de nombreux autres : la politique, la nature de la société, la loi, les Droits de l'Homme, la religion, la culture, l'identité du peuple, l'économie et l'état de l'environnement naturel. En conséquence, une approche complète doit être adoptée pour résoudre ce problème tout en tenant compte des avantages de chacune des parties concernées plutôt que d'une seule. Pour cette raison, nous avons été fermes dans notre engagement pour une politique mutuellement

salutaire, l'« approche de la voie du milieu », et nous avons persisté dans nos efforts sincères pour réaliser notre projet pendant de nombreuses années.

Depuis 2002, mes délégués ont conduit six cycles de négociations avec les fonctionnaires concernés de la République populaire de Chine pour aborder ces questions importantes. Ces discussions approfondies les ont aidés à écarter certains de leurs doutes et nous ont permis de leur expliquer nos aspirations. Toutefois, sur la question fondamentale, nous n'avons obtenu aucun résultat concret. Par ailleurs, pendant ces dernières années, le Tibet a été témoin d'une répression et d'une brutalité accrues. Malgré ces suites malheureuses, mon engagement et ma détermination à poursuivre la politique de la « voie du milieu » et à maintenir le dialogue avec le gouvernement chinois demeurent inchangés.

Un des principaux problèmes de la République populaire de Chine est son manque de légitimité au Tibet. Le meilleur moyen de donner du poids à la position du gouvernement chinois consisterait à poursuivre une politique qui satisfasse le peuple tibétain et gagne sa confiance. Si nous pouvons réaliser la réconciliation en suivant la voie du consentement mutuel, alors – je l'ai déjà énoncé un grand nombre de fois – je ferai tout mon possible pour gagner l'appui des Tibétains.

Aujourd'hui, au Tibet, l'environnement naturel a été sévèrement abîmé suite aux nombreuses actions menées sans la moindre prévoyance par le gouvernement chinois. Par ailleurs, en raison de la politique chinoise de transfert de populations, le nombre de non tibétains s'est accru à plusieurs reprises, ramenant les Tibétains autochtones à une minorité insignifiante au sein de leur propre pays.

En outre, la langue, les coutumes et les traditions du Tibet, qui reflètent la nature et l'identité réelles du peuple tibétain, s'effacent peu à peu. En conséquence, les Tibétains sont de plus en plus assimilés à une population chinoise élargie.

Au Tibet, la répression ne cesse de se poursuivre par de nombreuses violations des Droits de l'Homme, énormes et inimaginables, par la dénégation de la liberté religieuse et la politisation des problèmes religieux.

Tout cela est le résultat du manque de respect du gouvernement chinois à l'égard du peuple tibétain. Ce sont ces obstacles majeurs que le gouvernement chinois place délibérément en travers de sa politique d'unification des nationalités, qui établissent une discrimination entre les Tibétains et les Chinois. C'est pourquoi j'exhorte le gouvernement chinois à mettre un terme immédiat à de telles politiques.

Bien que les secteurs habités par les Tibétains soient mentionnés par différentes appellations telles que « Région autonome », « préfectures autonomes » ou « comtés autonomes », ces lieux n'ont d'autonome que le nom. Ils n'ont en réalité aucune autonomie.

Au lieu de cela, ils sont dirigés par des gens ignorants de la situation régionale et par ce que Mao Tsê-Tung appelait le « chauvinisme Han ». En conséquence, cette prétendue autonomie n'a apporté aux nationalités concernées aucun avantage tangible. Ces politiques insincères, qui ne sont pas en accord avec la réalité, causent non seulement d'énormes dommages aux différentes nationalités, mais également à l'unité et à la stabilité de la nation chinoise. Il est important que le gouvernement chinois, ainsi que l'a conseillé Deng Xiao-Ping, recherche « la vérité dans les faits », au sens propre du terme.

Le gouvernement chinois me critique sévèrement quand j'aborde, devant la communauté internationale, des questions qui concernent le bien-être du peuple tibétain. Jusqu'à ce que nous atteignions une solution mutuellement salutaire, j'ai la responsabilité historique et morale de continuer à m'exprimer librement en leur nom. Cependant, il est de notoriété publique que je suis en semi-retraite depuis que les chefs politiques de la diaspora tibétaine ont été directement élus par la population tibétaine.

Grâce à ses grands progrès économiques, la Chine apparaît aujourd'hui comme un pays puissant. Il faut s'en réjouir, d'autant que cette émergence a également fourni à la Chine l'occasion de jouer un rôle important sur la scène universelle. Le monde entier est impatient de voir de quelle façon l'actuel gouvernement chinois mettra en œuvre ses concepts avoués de « société harmonieuse » et de « croissance pacifique ».

Pour mettre ces concepts en pratique, le seul progrès économique ne suffira pas. Il doit y avoir des améliorations dans le respect de la loi, dans la transparence, dans le droit à l'information, ainsi que dans la liberté d'expression. Compte tenu que la Chine est un pays aux multiples minorités nationales, chacune d'entre elles doit, si le pays souhaite maintenir sa stabilité, bénéficier de l'égalité et la liberté afin de protéger son identité spécifique.

Le 6 mars 2008, le Président Hu Jintao a affirmé :
La stabilité au Tibet concerne la stabilité du pays, et la sécurité au Tibet concerne la sécurité du pays.

Il a ajouté que le gouvernement chinois devait assurer le bien-être des Tibétains, améliorer les actions liées aux domaines religieux et aux groupes ethniques, et entretenir l'harmonie et la stabilité sociales. Le discours du Président Hu est conforme à la réalité et nous attendons avec intérêt sa réalisation.

Cette année, le peuple chinois attend avec fierté et impatience l'ouverture des Jeux Olympiques.

J'ai, depuis le début, soutenu l'idée qu'on devait accorder à la Chine l'occasion d'accueillir les Jeux Olympiques.

Dans la mesure où de telles manifestations sportives internationales – et tout particulièrement les Jeux Olympiques – confirment les principes de liberté de parole et d'expression, d'égalité et d'amitié, la Chine devrait, en accordant ces libertés, se prouver à elle-même qu'elle est un lieu digne de les accueillir.

C'est pourquoi, en plus d'envoyer ses athlètes, la communauté internationale devrait rappeler ces principes au gouvernement chinois.

J'ai appris que plusieurs parlements, individus et organisations non gouvernementales du monde entier prenaient un certain nombre d'initiatives pour donner à la Chine l'occasion d'opérer un changement positif. J'admire leur sincérité.

Je voudrais solennellement affirmer qu'il sera très important d'observer la période qui suivra la fin des Jeux. Sans doute les Jeux Olympiques marqueront-ils considérablement les esprits chinois.

Le Monde devrait, de ce fait, étudier les moyens d'investir son énergie collective pour permettre un changement positif durable à l'intérieur de la Chine, y compris une fois les Jeux finis.

Je voudrais saisir cette occasion d'exprimer ma fierté et ma satisfaction à l'égard de la sincérité, du courage et de la détermination des Tibétains du Tibet. Je les exhorte à poursuivre leur travail dans la paix et conformément à la loi pour s'assurer que toutes les nationalités minoritaires de la République populaire de Chine, y compris les Tibétains, jouissent de leurs droits et avantages légitimes.

Je voudrais également saisir cette occasion pour remercier plus particulièrement le gouvernement et le peuple d'Inde, pour leur soutien indéfectible et inégalé aux réfugiés tibétains et à la cause tibétaine, de la même façon que j'exprime ma gratitude envers tous les gouvernements et les peuples qui ont prouvé leur intérêt continu pour la cause tibétaine.

Avec mes prières pour le bien-être de tous les êtres sensibles.

APPEL AU PEUPLE CHINOIS
28 mars 2008

Aujourd'hui, je prolonge mes salutations sincères à mes frères et sœurs chinois du Monde entier, et tout particulièrement à ceux de République populaire de Chine.

À la lumière des récents événements au Tibet, je voudrais partager avec vous mes réflexions sur les relations entre les peuples tibétains et chinois, et vous adresser à tous un appel personnel.

Je suis profondément affligé par les pertes humaines occasionnées lors des derniers événements tragiques du Tibet. Je suis conscient que des Chinois y ont également trouvé la mort. Je me sens de tout cœur avec les victimes et leurs familles, et je prie pour elles.

Les récents troubles ont clairement démontré la gravité de la situation au Tibet, ainsi que la nécessité absolue de rechercher une solution pacifique et mutuellement salutaire par le dialogue. Même dans les circonstances actuelles, j'ai exprimé aux autorités chinoises ma volonté de travailler à leurs côtés pour établir la paix et la stabilité.

Frères et sœurs chinois, je vous assure que je ne désire nullement obtenir la séparation du Tibet, ni même brouiller les peuples tibétains et chinois.

J'ai au contraire toujours eu à cœur de trouver une véritable solution au problème du Tibet qui assurerait à la fois les intérêts à long terme des Chinois et des Tibétains. Mon souci principal, comme je l'ai maintes et maintes fois répété, est d'assurer la survie de la culture, de la langue et de l'identité spécifiques au peuple tibétain.

En tant que simple moine qui s'efforce de vivre quotidiennement selon les préceptes bouddhistes, je vous assure de la sincérité de ma motivation.

J'ai appelé les dirigeants de la République populaire de Chine à comprendre clairement ma position et à accorder du temps à la résolution de ces problèmes en cherchant « la vérité dans les faits ». J'invite les autorités chinoises à exercer leur discernement et à engager un dialogue positif avec les Tibétains.

Je les appelle également à déployer des efforts sincères pour contribuer à la stabilité et à l'harmonie de la République populaire de Chine et à éviter tout désaccord entre les nationalités.

La peinture faite par les médias d'État des récents événements au Tibet, riche en trucages et en images déformées, pourrait bien semer des graines de tension raciale aux conséquences imprévisibles à long terme.

Cela me paraît très préoccupant.

De même, en dépit de mon soutien répété aux Jeux Olympiques de Pékin, les autorités chinoises, dans l'intention de créer un différend entre le peuple chinois et moi-même, affirment que j'essaie de saboter les Jeux.

Ce que je trouve encourageant, cependant, c'est que de nombreux intellectuels et disciples chinois ont également exprimé de sérieuses inquiétudes concernant les actions des autorités chinoises et leurs conséquences potentiellement défavorables à long terme, en particulier sur les relations interethniques.

Depuis les temps anciens, Tibétains et Chinois vivent en voisins. Au cours des deux mille ans de l'histoire connue de nos peuples, nous avons parfois développé des relations amicales, voire des alliances matrimoniales, alors qu'à d'autres moments, nous nous sommes combattus.

Cependant, puisque le bouddhisme s'est d'abord épanoui en Chine avant d'arriver au Tibet par l'Inde, nous, Tibétains, avons historiquement accordé au peuple chinois le respect et l'affection dus à des frères et sœurs aînés du *Dharma*.

Les Chinois qui vivent hors de la communauté chinoise le savent bien, eux dont certains ont assisté à mes conférences bouddhistes, tout comme le savent les pèlerins de Chine continentale que j'ai eu le privilège de rencontrer.

Je prends courage grâce à ces rencontres, et j'ai le sentiment que celles-ci peuvent contribuer à une meilleure entente entre nos deux peuples.

Le XXe siècle a été témoin de changements considérables dans de nombreuses parties du monde et le Tibet, lui aussi, a été happé par cette turbulence.

Peu après la fondation de la République populaire de Chine en 1949, l'entrée au Tibet de l'Armée de Libération du Peuple a eu pour résultat final l'« Accord en dix-sept points », signé conjointement par la Chine et le Tibet, en mai 1951.

Quand j'étais à Pékin dans les années 1954-1955, alors que j'assistais au Congrès national du Peuple, j'ai eu l'occasion de rencontrer et de nouer des relations personnelles et amicales avec plusieurs hauts dirigeants, dont le Président Mao lui-même. À vrai dire, le Président Mao m'a conseillé sur plusieurs sujets, tout en m'assurant de son soutien personnel concernant l'avenir du Tibet. Encouragé par ces promesses, et inspiré par la ferveur de plusieurs chefs révolutionnaires chinois de cette époque, je suis rentré au Tibet plein de confiance et d'optimisme. Quelques membres tibétains du Parti Communiste chinois ont également partagé cet espoir. Après mon retour à Lhassa, j'ai fait tout mon possible pour garantir au Tibet une véritable autonomie régionale au sein de sa famille, la République Populaire de Chine. Je croyais que cela servirait à long terme les intérêts des peuples tibétains et chinois.

Malheureusement, les tensions qui ont commencé à s'intensifier au Tibet vers 1956 ont finalement abouti au soulèvement pacifique du 12 mars 1959 à Lhassa, et à mon inévitable fuite en exil.

Bien que de nombreux changements bénéfiques se soient produits au Tibet sous l'autorité de la République populaire de Chine, ces aspects, comme l'a souligné le dernier Panchen Lama en janvier 1989, ont été assombris par une souffrance extrême et des destructions massives.

Les Tibétains ont été contraints de vivre dans un état de crainte constant, alors que le gouvernement chinois continuait à se méfier d'eux.

Pourtant, plutôt que de cultiver l'hostilité envers les dirigeants chinois responsables de cette impitoyable répression du peuple tibétain, j'ai prié pour que nos peuples redeviennent amis, ce que j'ai exprimé par les lignes suivantes dans une prière que j'ai composée en 1960, un an après mon arrivée en Inde :

Puissent-ils accéder à l'œil de la sagesse qui discerne le bien du mal, et puissent-ils demeurer dans la gloire de l'amitié et de l'amour.

De nombreux Tibétains, parmi lesquels des écoliers, récitent ces lignes dans leurs prières quotidiennes.

En 1974, suite à de sérieuses discussions avec mon *Kashag**, ainsi qu'avec le président et le vice-président de l'actuelle Assemblée des députés tibétains, nous avons décidé de trouver un compromis visant à ne pas séparer le Tibet de la Chine mais au contraire à faciliter son développement pacifique.

Bien que nous n'ayons alors eu aucun contact avec la République populaire de Chine – qui était en pleine Révolution culturelle – nous avions déjà perçu que tôt ou tard, il nous faudrait résoudre la question du Tibet par la voie de négociations. Nous avons également reconnu qu'il serait tout à fait bénéfique pour le Tibet de demeurer au sein de la République populaire de Chine, du moins en ce qui concerne la modernisation et le développement économique.

Bien que le Tibet possède un héritage culturel riche et ancien, il est matériellement peu développé.

---

* Cabinet.

Situé sur le toit du monde, le Tibet est la source des fleuves les plus importants d'Asie, d'où l'importance suprême de protéger l'environnement sur le plateau tibétain.

Étant donné que notre plus grand souci est de sauvegarder la culture bouddhiste tibétaine – enracinée comme valeur de compassion universelle – aussi bien que la langue et l'identité tibétaines, uniques, nous avons travaillé de tout notre cœur pour obtenir une autonomie qui soit significative pour l'ensemble des Tibétains. La constitution de la République populaire de Chine permet que des nations comme le Tibet puissent le faire.

En 1979, Deng Xiaoping, alors chef suprême chinois, a assuré à mon émissaire personnel que « hormis l'indépendance du Tibet », toute question était négociable.

Compte tenu que nous avions déjà abordé le sujet de la recherche d'une solution au problème tibétain dans le cadre de la constitution de la République populaire de Chine, nous nous étions bien placés pour saisir cette nouvelle occasion. Mes représentants ont plusieurs fois rencontré des fonctionnaires de la République populaire de Chine.

Depuis la reprise des discussions en 2002, nous avons eu six cycles de négociations. Cependant, nous n'avons obtenu absolument aucun résultat concret sur la question fondamentale.

Néanmoins, comme je l'ai déclaré à de nombreuses reprises, je reste fermement impliqué dans l'approche de la voie du milieu et je réitère ici ma volonté de continuer à poursuivre le processus de dialogue.

Cette année, le peuple chinois attend avec fierté et impatience l'ouverture des Jeux Olympiques.

Depuis le début, j'ai soutenu l'idée que Pékin puisse accueillir les Jeux. Ma position demeure inchangée.

La Chine possède la plus grande population du monde, une longue histoire et une civilisation extrêmement riche. Aujourd'hui, en raison de ses impressionnants progrès économiques, elle émerge comme une grande puissance.

Ce dont il faut se réjouir.

Mais la Chine doit également gagner le respect et l'estime de la communauté tout entière par la création d'une société ouverte et harmonieuse fondée sur des principes de transparence, de liberté et de droit. Or, jusqu'à ce jour, les victimes de la tragédie de la Place Tienanmen, qui a bouleversé la vie de nombreux citoyens chinois, n'ont reçu ni juste réparation ni réponse officielle.

De même, dans les zones rurales, lorsque des milliers de Chinois ordinaires subissent l'injustice aux mains de fonctionnaires locaux exploiteurs et corrompus, leurs plaintes légitimes se heurtent à l'indifférence ou à l'agressivité. J'exprime ces inquiétudes à la fois en tant qu'être humain et en tant que personne qui se sent prête à se considérer comme un membre de cette grande famille qu'est la République populaire de Chine.

À cet égard, j'apprécie et soutiens la politique du Président Hu Jintao qui envisage de créer « une société harmonieuse », mais une telle société ne peut s'édifier que sur les bases d'une confiance mutuelle et dans une atmosphère de liberté, incluant la liberté d'expression et le droit.

Je suis fermement convaincu qu'en embrassant ces valeurs, on peut résoudre de nombreux problèmes importants liés aux minorités, comme le problème du Tibet, du Turkestan oriental ou bien celui de la Mongolie intérieure, où les autochtones ne constituent à présent que vingt pour cent d'une population qui compte au total vingt-quatre millions d'individus.

J'avais espéré, après les dernières déclarations du Président Hu Jintao, que la stabilité et la sécurité du Tibet, liées à la stabilité et la sécurité du pays tout entier, pourraient annoncer la naissance d'une ère nouvelle pour la résolution du problème tibétain. Il est regrettable qu'en dépit de mes efforts sincères de ne pas séparer le Tibet de la Chine, les dirigeants de la République populaire de Chine continuent de me dénoncer comme « séparatiste ».

De la même façon que, lorsque les Tibétains ont spontanément protesté à Lhassa et dans de nombreux secteurs pour exprimer leur profond ressentiment, les autorités chinoises m'ont immédiatement accusé d'avoir orchestré leurs manifestations.

J'ai réclamé à un organisme respecté d'effectuer des recherches approfondies sur ces allégations.

Frères et sœurs chinois – où que vous soyez – c'est empreint d'une grande inquiétude que je fais appel à vous pour m'aider à dissiper les malentendus entre nos deux communautés. J'en appelle également à vous pour nous aider à trouver une solution durable au problème tibétain par le dialogue et dans un esprit de bienveillance et de conciliation.

Avec mes prières,

JE FAIS APPEL À VOUS…
2 avril 2008

Je voudrais exprimer ma reconnaissance et ma gratitude aux leaders mondiaux, aux parlementaires, aux organisations non gouvernementales et aux membres du public qui ont exprimé leurs inquiétudes au sujet des événements profondément affligeants et tragiques qui ont récemment eu lieu au Tibet.

Je leur suis également reconnaissant de leurs efforts pour inciter les autorités chinoises à la modération face à des protestataires paisibles et pour réclamer, dans le même temps, un dialogue significatif afin de résoudre ce problème.

Je crois que les manifestations et protestations qui ont récemment eu lieu sont un signe du ressentiment profondément enraciné qu'éprouvent non seulement les Tibétains de la prétendue « Région autonome du Tibet », mais également ceux des secteurs tibétains traditionnels périphériques, aujourd'hui incorporés aux provinces de Qinghai, Gansu, Sichuan et de Yunnan, dans lesquelles vivent de substantielles communautés de Tibétains d'origine.

Selon des sources fiables, les autorités chinoises ont déployé de grands contingents de troupes dans ces régions tibétaines traditionnelles et elles ont non seulement commencé à sévir plus lourdement contre les Tibétains les plus impliqués dans les troubles, mais elles ont également encerclé les secteurs dans lesquels les protestations avaient eu lieu.

Je fais donc appel à vous pour que vous réclamiez l'arrêt immédiat de ces mesures de répression, la relaxe de ceux qui ont été arrêtés et détenus, et l'obtention d'un traitement médical approprié aux blessés. Nous sommes en particulier préoccupés par le manque d'équipements médicaux adaptés, compte tenu du fait que de nombreux Tibétains blessés craignent de se faire soigner dans des hôpitaux ou des cliniques gérés par les Chinois.

Je vous invite également à encourager l'envoi d'un organisme international indépendant, pour examiner les troubles et leurs causes sous-jacentes, aussi bien que pour permettre aux médias et aux équipes médicales internationales de pénétrer dans les secteurs concernés.

Non seulement leur présence permettra aux Tibétains de retrouver la confiance, mais elle exercera également une influence modératrice sur les autorités chinoises.

Déclaration de Sa Sainteté le dalaï-lama
À tous les Tibétains
Dharamsala
6 avril 2008

Tandis que j'adresse mes chaleureuses salutations aux Tibétains du Tibet, j'aimerais partager avec eux quelques-unes de mes pensées.

I

Depuis le 10 mars dernier, nous avons assisté, dans presque toutes les régions du Tibet – mais aussi, par le fait d'étudiants, dans quelques villes de Chine continentale – à des manifestations et des protestations publiques qui sont l'expression vive d'une détresse, physique et morale, trop longtemps contenue.

Elles sont aussi l'expression d'un profond ressentiment face à la suppression des droits des Tibétains, du manque de liberté religieuse, et du fait qu'on essaie, en toute occasion, de défigurer la réalité. Prétendre, par exemple, que les Tibétains considèrent le Parti communiste chinois comme une incarnation du « Bouddha vivant » est une affirmation gauchiste relevant du « chauvinisme Han ».

Je suis profondément triste et inquiet de constater qu'on utilise, pour réprimer ces manifestations pacifiques, des armes qui, sans relâche, ont causé de nombreux décès et bien plus de blessures, de mises en détention et de préjudices. Une telle répression et de telles souffrances sont d'autant plus regrettables qu'elles ne peuvent que réduire aux larmes toute personne compatissante.

Je me sens, moi, impuissant face à ces tragiques incidents.

II

Je prie pour tous les Tibétains, ainsi que pour tous les Chinois, qui ont perdu la vie lors de la crise que nous venons de traverser.

III

Les récentes protestations dans l'ensemble du Tibet ont non seulement contredit mais aussi détruit la propagande de la République populaire de Chine selon laquelle, excepté pour un petit nombre de « réactionnaires », la majorité des Tibétains vivraient dans la prospérité et la satisfaction.

Ces protestations ont mis en évidence le fait que les Tibétains des trois provinces du Tibet, à savoir U-Tsang, Kham et Amdo, nourrissaient des aspirations et des espoirs analogues.

Ces protestations ont aussi révélé au monde entier qu'il fallait cesser de négliger le problème tibétain.

Ces protestations ont enfin mis en évidence la nécessité de trouver un moyen qui permettrait de résoudre ce problème en cherchant « la vérité dans les faits ».

Le courage et la détermination de ces Tibétains qui ont, pour le plus grand bien de tous leurs compatriotes, manifesté leur profonde détresse ainsi que leurs espoirs en risquant tout, sont extrêmement louables.

Un fait que la communauté internationale a reconnu en saluant leur mémoire.

IV

J'apprécie profondément les actions des nombreux employés du gouvernement tibétain ainsi que des cadres du Parti communiste qui ont, sans perdre leur identité tibétaine, prouvé leur courage ainsi que leur sens du bien durant cette crise.

À l'avenir, j'appellerai les cadres du Parti tibétain et les employés du gouvernement à ne pas toujours chercher à obtenir de bénéfices personnels, mais au contraire à s'attacher à la sauvegarde des plus grands intérêts du Tibet en rapportant à leurs supérieurs du Parti les vrais sentiments des Tibétains, tout en essayant de guider ces derniers de façon impartiale.

V

Concernés par ces événements, des Présidents, des Premiers ministres, des ministres étrangers, des Prix Nobel, des parlementaires et des citoyens du monde ont envoyé des messages à la fois clairs et forts aux dirigeants chinois afin qu'ils mettent fin au sévère effondrement qui frappe actuellement les Tibétains.

Tous ont incité le gouvernement chinois à suivre une voie qui débouche sur une solution mutuellement bénéfique. Nous devrions leur donner l'occasion de révéler les effets positifs de leurs efforts. Je sais que vous avez subi des provocations à tous les niveaux, mais il est important de nous en tenir à notre pratique non-violente.

VI

Les autorités chinoises ont répandu de fausses allégations contre moi et contre l'administration centrale tibétaine, en nous faisant passer pour les instigateurs et les organisateurs des récents événements tibétains.

Ces accusations sont absolument fausses.

J'ai de nombreuses fois fait appel à un organisme international indépendant et respecté pour conduire des recherches exhaustives sur les faits. Je suis certain que cet organe indépendant exposera la vérité au grand jour.

Si jamais la République populaire de Chine détient la moindre preuve évidente susceptible d'étayer ses allégations, elle devra la dévoiler aux yeux du monde entier. Affirmer ne suffit pas.

VII

Concernant l'avenir du Tibet, j'ai décidé de trouver une solution au sein même de la structure de la République populaire de Chine.

Depuis 1974, je me suis loyalement et tenu à l'approche mutuellement salutaire de la « voie du milieu ». Le monde entier le sait.

L'approche de la « voie du milieu » signifie que tous les Tibétains doivent être régis par une administration propre, qui bénéficie significativement de « l'autonomie régionale nationale » ainsi que de toutes ses prérogatives, c'est-à-dire ses propres lois et son entière liberté de décision, excepté pour les questions de relations internationales et de défense nationale.

Cependant, et je l'ai toujours dit : il est du droit des Tibétains de prendre la décision finale pour l'avenir du Tibet.

VIII

L'accueil des Jeux Olympiques cette année représente une immense fierté aux yeux des un milliard deux cent mille Chinois.

Depuis le tout début, j'ai soutenu l'organisation des Jeux à Pékin. Ma position à ce sujet reste inchangée.

Je pense que les Tibétains ne devraient pas représenter un obstacle pour les Jeux. C'est le droit légitime de chaque Tibétain de lutter pour ses droits et ses libertés.

Mais d'un autre côté, il serait futile et inutile à quiconque de faire quoi que ce soit qui puisse susciter la haine dans l'esprit du peuple chinois. Nous avons au contraire besoin de stimuler la confiance et le respect dans nos cœurs afin de créer une société harmonieuse ; ce qui ne peut s'établir sur des bases faites de force et d'intimidation.

IX

C'est contre un petit nombre de dirigeants de la République populaire de Chine que nous luttons, et non contre le peuple chinois tout entier. En conséquence, nous ne devrions jamais causer de malentendus ni faire quoi que ce soit qui puisse heurter le peuple chinois.

Même dans cette situation difficile, de nombreux intellectuels chinois, écrivains et avocats de Chine continentale et du reste du monde, nous ont témoigné leur sympathie et nous ont prouvé leur solidarité en publiant des discours, en écrivant des articles et en offrant leurs engagements de soutien, ce qui est primordial.

J'ai récemment publié, le 28 mars, un appel au peuple chinois du monde entier que, je l'espère, vous entendrez et lirez.

X

Si la situation actuelle perdure au Tibet, je crains fort que le gouvernement chinois ne se permette davantage de fermeté et ne renforce la répression envers le peuple tibétain.

Compte tenu de mon engagement moral et de ma responsabilité envers les Tibétains, j'ai à plusieurs reprises demandé aux dirigeants de la République populaire de Chine concernés de cesser immédiatement la répression dans toutes les régions du Tibet et de retirer sa police et ses troupes armées. Si cela apporte des résultats, je conseillerais également aux Tibétains d'arrêter toute protestation en cours.

XI

Je veux exhorter mes semblables Tibétains qui vivent libres en dehors du Tibet à une extrême vigilance lorsqu'ils expriment leurs sentiments sur les événements du Tibet. Nous ne devrions nous engager dans aucune action qui puisse, même à distance, être interprétée comme violente. Même dans la situation la plus provocatrice qui soit, nous devons nous interdire de compromettre nos valeurs les plus profondes et les plus précieuses.

Je suis fermement convaincu que nous parviendrons au succès par la voie de la non-violence. Nous devons faire preuve d'une sagesse suffisante pour comprendre d'où proviennent l'affection et le soutien sans précédent pour notre cause.

XII

Étant donné qu'aujourd'hui le Tibet est quasiment fermé, et qu'aucun moyen de diffusion international n'y est admis, je doute que mon message puisse atteindre les Tibétains du Tibet. Mais j'espère que, grâce aux médias et au « bouche-à-oreille », il passera outre et sera transmis à la majorité d'entre vous.

XIII

En conclusion, je veux encore une fois réitérer mon appel aux Tibétains d'exercer la non-violence et de poursuivre sur cette voie sans hésiter, aussi sérieuse que puisse être la situation.

Une approche humaine de la Paix dans le Monde

Quand nous nous levons le matin et que nous écoutons la radio ou lisons le journal, nous sommes confrontés aux mêmes tristes nouvelles : violence, crimes, guerres et désastres.

Je ne me souviens pas d'un seul jour où il n'y ait eu quelque événement terrible quelque part. Même en ces temps modernes, il est certain que la précieuse existence de chacun n'est pas sûre. Aucune génération antérieure n'a eu à affronter autant de mauvaises nouvelles qu'aujourd'hui.

Ce sentiment permanent de crainte et de tension devrait provoquer chez toute personne sensible et compatissante de sérieuses interrogations sur l'évolution de notre monde moderne.

Il est ironique que les problèmes les plus graves émanent des sociétés les plus industriellement avancées. La science et la technologie ont admirablement fait leur office dans de nombreux domaines, mais les problèmes humains de base subsistent.

L'instruction a beau être sans précédent, cette éducation universelle semble avoir stimulé, non pas la bonté, mais l'agitation mentale et le mécontentement.

Nous n'avons aucun doute sur l'accroissement de nos progrès matériels et technologiques, mais d'une façon ou d'une autre, ils restent insuffisants dans la mesure où nous ne sommes pas encore parvenus à instaurer la paix et le bonheur, à surmonter la souffrance.

Nous pouvons seulement conclure que quelque chose va sérieusement mal dans notre évolution et notre développement, et que si nous n'y prenons pas garde à temps, il pourrait en découler des conséquences désastreuses pour l'avenir de l'humanité.

Je ne suis pas du tout opposé à la science et la technologie : elles ont immensément contribué à notre expérience universelle d'humanité, à notre confort matériel, notre bien-être et à une plus grande compréhension du monde dans lequel nous vivons.

Toutefois si nous accordons trop d'importance à la science et à la technologie, nous nous exposons à perdre le contact avec ces aspects humains de connaissance et d'entendement qui nous inspirent honnêteté et altruisme.

La science et la technologie, pourtant capables de créer un confort matériel incommensurable, ne peuvent remplacer les valeurs spirituelles et humanitaires ancestrales qui, comme nous le savons aujourd'hui, ont en grande partie constitué la civilisation mondiale sous tous ses aspects nationaux.

Personne ne peut nier l'avantage matériel sans précédent de la science et de la technologie, mais nos problèmes humains essentiels subsistent; nous sommes toujours autant, si ce n'est davantage, confrontés aux mêmes souffrances, craintes et tensions.

Ainsi, il paraît logique d'essayer d'équilibrer les développements matériels d'une part et le développement des valeurs spirituelles et humaines de l'autre. Pour être en mesure de provoquer cette grande mise au point, il est nécessaire que nous ravivions nos valeurs humanitaires.

Je suis certain que plusieurs personnes partagent mon inquiétude concernant la crise morale mondiale et qu'ils s'associeront à mon appel à tous ceux qui pratiquent l'humanisme et la religion, partageant ce même souci d'aider nos sociétés à devenir plus charitables, plus justes, et plus équitables.

Je ne m'exprime ni en tant que bouddhiste ni même en tant que Tibétain. Encore moins comme expert en politique internationale – bien que je présente inévitablement mes observations à son sujet.

Pour être exact, je parle simplement en tant qu'être humain, en tant que défenseur des valeurs humanistes qui sont, non seulement le socle du bouddhisme de Mahayana, mais qui sont aussi la pierre angulaire de toutes les grandes religions du monde. Dans cette optique, je voudrais partager avec vous des perspectives personnelles.

À savoir :

1. L'humanisme universel est essentiel pour résoudre les problèmes mondiaux ;
2. La compassion est le pilier de la Paix du Monde ;
3. Toutes les religions du Monde vont également dans le sens de la paix, ainsi que tous les humanistes, quelle que soit leur idéologie ;
4. Chaque individu possède la responsabilité universelle de former des institutions qui servent les besoins de l'humain.

Résoudre les problèmes humains
en transformant les attitudes humaines

Parmi les nombreuses difficultés auxquelles nous sommes confrontés aujourd'hui, certaines sont des catastrophes naturelles et doivent être acceptées et considérées avec équanimité.

D'autres, en revanche, sont notre propre fait, issues du malentendu, et peuvent être corrigées.

Ce genre de problèmes résulte d'un conflit d'idéologies, politique ou religieux, lorsque les gens se combattent l'un l'autre pour des causes insignifiantes, perdant de vue l'humanité de base qui nous lie tous l'un à l'autre comme les membres d'une même famille.

Nous devons nous souvenir que les différentes religions, idéologies et systèmes politiques du monde sont censés apporter le bonheur aux humains. Nous ne devons pas perdre de vue ce dessein fondamental et nous ne devons à aucun moment placer les moyens au-dessus des fins ; il faut toujours considérer la suprématie de l'humanité sur la matière ou l'idéologie.

L'unique grand danger qui, de loin, menace l'humanité – en réalité tous les êtres vivants sur notre planète – est la menace de destruction nucléaire. Je n'ai pas besoin de développer sur ce sujet, mais je voudrais faire appel à tous les dirigeants détenteurs de l'énergie nucléaire, qui tiennent littéralement l'avenir du monde entre leurs mains, aux scientifiques et aux techniciens qui continuent de créer ces armes impressionnantes de destruction, et à la totalité des personnes qui sont en mesure d'influencer leurs chefs. Je les appelle à exercer leur intelligence et à entreprendre un travail de démantèlement et de destruction de toutes les armes nucléaires.

Nous savons qu'en cas de guerre nucléaire, il n'y aura aucun vainqueur parce qu'il ne restera aucun survivant !

N'est-ce pas tout simplement effrayant de contempler une destruction si inhumaine et si cruelle ? Et n'est-il pas logique de nous débarrasser de la cause de notre propre destruction alors que nous la connaissons et que nous avons le temps et les moyens de le faire ?

Souvent, nous ne pouvons pas surmonter nos problèmes parce que nous en ignorons la source ou, si nous la connaissons, n'avons pas les moyens de nous en défaire.

Ce n'est pas le cas avec la menace nucléaire.

Qu'ils appartiennent aux espèces les plus évoluées, comme des humains, ou aux espèces les plus simples, comme les animaux, tous les êtres vivants cherchent principalement la paix, le confort et la sécurité.

La vie est aussi chère à l'animal muet qu'elle l'est pour n'importe quel être humain ; même le plus simple des insectes tente de se protéger des dangers qui menacent sa vie. De la même façon que chacun d'entre nous veut vivre et ne souhaite pas mourir, il en est ainsi pour toutes les autres créatures de l'univers, bien que leur capacité à le réaliser soit un autre propos.

En général, aux plans mental et physique, il existe deux formes de bonheur et de douleur et, des deux, je crois que la douleur et le bonheur mentaux sont les plus aigus. Par conséquent, je mets en évidence le fait que l'esprit se prépare à supporter la souffrance et à atteindre un état plus durable de bonheur. Cependant, j'ai également une idée plus générale et plus concrète du bonheur : une combinaison de paix intérieure, de développement économique, et surtout, de Paix mondiale. Pour atteindre de tels objectifs, je crois nécessaire que nous développions tous un sens de la responsabilité universelle, indépendamment de la foi, de la couleur, du sexe, ou de la nationalité.

Le principe de cette idée de responsabilité universelle repose sur le simple fait que, d'une façon générale, tous les désirs des autres sont identiques aux miens. Chaque être souhaite être heureux et ne veut pas de la souffrance.

Si nous, êtres humains intelligents, admettons cette évidence-là, il y aura de moins en moins de souffrance sur cette planète.

Mais si nous adoptons une approche égocentrique de la vie et que nous essayons constamment d'utiliser les autres pour servir nos propres intérêts, nous pouvons éventuellement gagner des avantages provisoires, mais à la longue nous ne parviendrons même pas à réaliser notre bonheur personnel, et il ne sera plus question de paix dans le monde.

Dans leur quête du bonheur, les humains ont employé différentes méthodes qui, trop souvent, ont été cruelles et répugnantes. En se comportant d'une façon totalement indigne de leur statut d'humains, ils infligent la souffrance à leurs semblables ainsi qu'aux autres êtres vivants pour servir leurs propres intérêts égoïstes.

En fin de compte, ces actions aveugles apportent la souffrance tant à soi-même qu'aux autres.

Être né humain est un événement rare en soi, et il est sage de saisir cette opportunité aussi judicieusement et habilement que possible. Nous devons avoir une perspective juste du processus universel de vie, afin de ne pas envisager le bonheur ou la gloire d'un individu ou d'un groupe aux dépens d'un autre.

Tout cela nécessite une nouvelle approche des problèmes globaux.

Le monde devient de plus en plus petit – et de plus en plus interdépendant – en raison des progrès technologiques rapides et du commerce international qui accroissent les relations transnationales. De nos jours, nous dépendons infiniment les uns des autres.

Dans les temps anciens, les problèmes étaient, la plupart du temps, à l'échelle familiale, et ils étaient naturellement résolus au niveau de la famille, mais la situation a changé. Aujourd'hui nous sommes si interdépendants, si étroitement liés les uns aux autres, qu'en l'absence de responsabilité commune, de ce sentiment d'une confrérie et d'une fraternité universelles, et sans la compréhension et la conviction que nous faisons réellement partie de la grande famille des humains, nous ne pouvons espérer surmonter les dangers liés à notre propre existence, et encore moins construire la paix et le bonheur.

Une nation ne peut plus résoudre de façon satisfaisante ses problèmes par elle-même : trop de choses dépendent de l'intérêt, de l'attitude, et de la coopération d'autres nations.

Une approche humaniste et universelle des problèmes du Monde semble la seule base solide pour la paix mondiale.

Qu'est-ce que cela veut dire ?

Commençons par reconnaître ce que nous avons mentionné précédemment, à savoir que tous les êtres aiment le bonheur et ne veulent pas la souffrance.

Dès lors, il devient immoral et matériellement imprudent de ne poursuivre que son bonheur propre, sans prendre en considération les sentiments et les aspirations de tous ceux qui nous entourent, en tant que membres de la même famille humaine. La démarche la plus sage est de penser aussi aux autres tout en recherchant son propre bonheur.

Ceci mènera à ce que j'appelle « l'intérêt personnel judicieux », qui, dans le meilleur des cas, se transformera en « intérêt personnel de compromis », ou mieux encore, en « intérêt mutuel ».

Bien qu'on puisse espérer de l'interdépendance croissante entre les nations une plus grande et plus harmonieuse coopération, il est difficile de réaliser un esprit de coopération véritable tant que les gens restent indifférents aux sentiments et au bonheur des autres. Lorsque ce sont principalement la cupidité et la jalousie qui stimulent les gens, il ne leur est pas possible de vivre en harmonie. Une approche spirituelle ne peut pas résoudre tous les problèmes politiques générés par l'attitude égocentrique existante, mais à la longue elle surmontera la base même des problèmes auxquels nous sommes aujourd'hui confrontés.

D'un autre côté, si l'humanité continue à traiter ses problèmes en ne considérant que l'opportunité provisoire, les générations futures devront faire face à d'énormes difficultés. La population mondiale augmente, et nos ressources sont rapidement épuisées. Regardez les arbres, par exemple. Personne ne sait exactement quels effets nuisibles le déboisement massif peut avoir sur le climat, le sol, et l'écologie mondiale dans sa globalité. Si nous avons des problèmes, c'est parce que les gens ne se concentrent que sur leurs intérêts égoïstes et à court terme, sans penser à la famille des humains tout entière. Ils ne pensent pas à la terre et aux effets à long terme sur la vie universelle dans son ensemble. Si nous, qui sommes de la génération présente, n'y pensons pas maintenant, les générations futures ne pourront pas les affronter.

La compassion comme pilier
de la Paix universelle

Selon la psychologie bouddhiste, la plupart de nos ennuis sont dûs à notre désir et notre attachement passionnés aux choses que nous comprenons mal en tant qu'entités durables.

La recherche de ces objets d'attachement et de désir implique l'utilisation de l'agressivité et de la compétitivité comme instruments supposés efficaces. Ces processus mentaux se traduisent facilement en actions qui génèrent la belligérance comme effet manifeste. De toute éternité, l'esprit humain a développé ces mêmes processus, mais leur exécution est devenue plus efficace dans les conditions modernes.

Que pouvons-nous nous faire pour contrôler et réguler ces « poisons » : l'illusion, la cupidité et l'agressivité ? Car ce sont ces poisons qui sous-tendent la plupart des troubles qui se déroulent dans le Monde.

Ayant été élevé dans la tradition bouddhiste de Mahayana, j'estime que l'amour et la compassion sont le tissu moral de la Paix du Monde.

Laissez-moi tout d'abord définir ce que j'entends par compassion. Quand vous éprouvez de la pitié ou de la compassion pour une personne très pauvre, vous lui témoignez de la sympathie parce qu'il ou elle est pauvre ; votre compassion est basée sur des considérations altruistes. Par ailleurs, l'amour que vous éprouvez pour votre épouse, votre mari, vos enfants, ou un ami proche est habituellement basé sur l'attachement. Quand votre attachement change, votre bienveillance change également ; elle peut disparaître.

Il ne s'agit pas de véritable amour. Celui-ci n'est pas fondé sur l'attachement, mais sur l'altruisme. Dans ce cas précis, votre compassion demeurera une réponse profondément humaine à la souffrance, tant que les êtres continueront de souffrir.

C'est ce type de compassion que nous devons tâcher de cultiver en nous-mêmes, et nous devons le développer de façon limitée, ou illimitée.

Une compassion sans distinction, spontanée et illimitée pour tous les êtres sensibles n'est évidemment pas l'amour habituel que l'on éprouve pour ses amis ou sa famille, qui lui, est lié à l'ignorance, au désir et à l'attachement.

Le genre d'amour que nous devrions préconiser est cet amour plus large que vous pouvez même éprouver à l'égard de votre ennemi.

Le raisonnement compassionnel consiste en ce que chacun de nous veut éviter la souffrance et atteindre le bonheur. Et c'est cette prise de conscience basée sur le sentiment valide du « 1 » qui, à son tour, détermine un désir universel pour le bonheur.

En effet, tous les êtres sont nés avec des désirs semblables et devraient avoir le même droit de les accomplir. Si je me compare aux autres, qui sont innombrables, j'estime que ces autres sont plus importants parce que je ne suis qu'une personne tandis que les autres sont nombreux.

De plus, la tradition bouddhiste tibétaine nous enseigne à considérer tous les êtres sensibles comme notre chère mère, et à leur montrer notre gratitude en les aimant tous. Car, selon la théorie bouddhiste, nous sommes nés et nés à nouveau un nombre incalculable de fois, et il est concevable que chaque être ait été notre parent à un moment ou un autre. De cette façon, tous les êtres de l'univers partagent un rapport familial.

Que l'on croie ou non à la religion, personne au monde n'apprécie pas l'amour et la compassion. Dès notre naissance, nous sommes l'objet du soin et de la bonté de nos parents ; plus tard dans la vie, lorsque nous sommes confrontés à la douleur de la maladie et de la vieillesse, nous dépendons encore de la bonté des autres.

Si, au commencement et à la fin de notre vie, nous dépendons de la bonté des autres, pourquoi n'agirions-nous pas alors avec bonté envers les autres au milieu de notre existence ?

Le développement d'un cœur aimant — un sentiment de proximité pour tous les êtres humains —

n'implique pas le fanatisme que nous associons généralement à la pratique religieuse conventionnelle.

Ce sentiment n'appartient pas uniquement à ceux qui croient à une religion, mais à ceux qui sont indifférents à la race, à la religion ou à l'affiliation politique. Il appartient à quiconque se considère, avant tout, comme un membre de la famille humaine et qui envisage les choses dans une perspective plus large et plus lointaine.

C'est un sentiment puissant que nous devrions développer et appliquer. Au lieu de cela, nous le négligeons souvent, en particulier pendant ces années les plus importantes où nous éprouvons une fausse sensation de sécurité.

Si nous nous plaçons dans une perspective à plus long terme, les constats que, d'une part, chacun souhaite obtenir le bonheur en évitant de souffrir, et que, d'autre part, l'importance de chacun est relative par rapport aux innombrables autres, nous amènent à la conclusion qu'il est intéressant de partager ses possessions avec les autres.

Si l'on s'exerce à penser avec ce point de vue, un véritable sens de la compassion − un sens vrai de l'amour et du respect des autres − devient possible. Le bonheur individuel cesse d'être un effort égoïste conscient ; il devient un dérivé automatique du processus entier d'aimer et de servir les autres, largement supérieur.

Un autre résultat du développement spirituel, le plus utile dans la vie de tous les jours, est qu'il apporte calme et présence d'esprit.

Nos vies coulent en un flux constant qui charrie de nombreuses difficultés. Quand on affronte les problèmes avec un esprit calme et clair, ils peuvent être résolus avec succès. Quand, en revanche, nous perdons le contrôle de nos esprits par la haine, l'égoïsme, la jalousie ou la colère, nous perdons notre sens du jugement. Nos esprits sont aveuglés et, à ces moments de barbarie, n'importe quoi peut arriver, y compris la guerre.

Ainsi, la pratique de la compassion et de la sagesse est utile à tous, particulièrement à ceux qui gèrent les affaires nationales, dans les mains desquels reposent le pouvoir et la possibilité de créer une structure pour la Paix du Monde.

Religions du monde
pour la Paix universelle

Les principes discutés jusqu'ici sont conformes aux enseignements moraux de toutes les religions du monde.

Je maintiens que chaque religion principale du monde – le bouddhisme, le christianisme, le confucianisme, l'hindouisme, l'islam, le jaïnisme, le judaïsme, le sikhisme, le taoïsme, le zoroastrisme – possède des idéaux semblables d'amour, le même objectif d'apporter à l'humanité les bénéfices de la pratique spirituelle et, du même coup, de transformer leurs disciples en êtres humains meilleurs.

Toutes les religions enseignent des préceptes moraux visant à perfectionner le fonctionnement de l'esprit, du corps et de la parole. Toutes nous enseignent à ne pas mentir, à ne pas voler, à ne pas ôter la vie aux autres, et ainsi de suite.

L'objectif commun de tous les préceptes moraux établis par les grands précepteurs de l'humanité est la générosité.

Les grands précepteurs ont voulu détourner leurs disciples des chemins semés d'actions négatives résultant de l'ignorance et leur présenter les voies de la bonté.

Toutes les religions conviennent de la nécessité de maîtriser l'esprit indiscipliné, refuge de l'égoïsme et autres sources d'ennuis, et chacune enseigne une voie qui mène à un état spirituel paisible, discipliné, moral et sage.

C'est dans ce sens que je crois que toutes les religions ont, par essence, le même message.

Les différences de dogmes peuvent être attribuées aux différences d'époques, ou de circonstances, ou encore aux influences culturelles. En effet, si nous considérons le côté purement métaphysique de la religion, l'argument scolastique n'a aucun aboutissement.

Cependant, il est beaucoup plus salutaire d'essayer, dans la vie quotidienne, de mettre en pratique les préceptes partagés de bonté, enseignés par toutes les religions, plutôt que d'argumenter au sujet de différences mineures sur la façon de les aborder.

Il existe de nombreuses religions distinctes qui apportent confort et bonheur à l'humanité, au même titre qu'il y a des traitements particuliers contre les différentes maladies. Car toutes les religions essayent, à leur propre façon, d'aider les êtres vivants à éviter la misère et à obtenir le bonheur. Et, bien que nous puissions trouver des raisons pour préférer certaines interprétations des vérités religieuses à d'autres, c'est dans le cœur humain que réside la raison la plus importante de l'harmonie.

Chaque religion fonctionne à sa propre manière pour atténuer la douleur de l'humain et contribuer à la civilisation du monde. La conversion n'est pas le propos. Par exemple, je ne cherche pas à convertir les autres au bouddhisme, ni même à promouvoir la cause bouddhiste. Mais j'essaie de penser à la façon dont je peux contribuer au bonheur humain en tant qu'humaniste bouddhiste.

Tout en précisant les similitudes fondamentales entre les religions du monde, je ne préconise pas une religion particulière aux dépens de toutes les autres, ni ne cherche une nouvelle « religion universelle ».

L'ensemble des religions du Monde contribue à enrichir l'expérience humaine et les civilisations mondiales.

Nos esprits humains, de dimensions et de dispositions différentes, nécessitent des accès distincts à la paix et au bonheur.

C'est la même chose que pour la nourriture. Certains trouvent le christianisme plus attrayant, d'autres préfèrent le bouddhisme parce qu'il ne fait allusion à aucun créateur et que tout dépend de nos propres actions. Nous pouvons tout à fait dire la même chose des autres religions.

Ainsi, le propos est clair : l'humanité a besoin de l'ensemble des religions du Monde pour s'adapter aux modes de vie, aux divers besoins religieux et aux traditions nationales héritées d'individus humains spécifiques.

C'est dans cette perspective que je me réjouis des efforts qui ont été faits dans tous les pays du monde pour une meilleure entente entre les religions.

Ce besoin est devenu particulièrement urgent maintenant.

Si toutes les religions font de l'amélioration de l'humanité leur principale préoccupation, alors elles peuvent facilement fonctionner ensemble en harmonie pour la Paix du Monde.

L'entente interconfessionnelle apportera l'unité nécessaire qui permettra à toutes les religions de travailler ensemble. Cependant, bien que ce soit de fait une étape importante, nous devons nous souvenir qu'aucune solution n'est rapide ou facile.

Nous ne pouvons pas cacher les différences doctrinales qui existent entre les diverses croyances, ni ne pouvons espérer remplacer les religions existantes par une nouvelle croyance universelle. Chaque religion doit apporter ses propres contributions, et chacune à sa façon convient à un groupe particulier de personnes, dans la façon dont elle appréhende la vie.

Le Monde a besoin de chacune des religions.

Les praticiens religieux concernés par la paix mondiale doivent affronter deux tâches fondamentales.

En premier lieu, nous devons favoriser une meilleure entente interconfessionnelle afin de créer un degré d'harmonie réalisable entre toutes les religions. Ceci peut être en partie réalisé dans le respect de la croyance de chacun et en soulignant notre souci commun pour le bien-être humain.

En second lieu, nous devons susciter un consensus viable sur les valeurs spirituelles de base qui touchent chaque cœur humain et qui renforcent le bonheur humain général. Cela signifie que nous devons souligner le dénominateur commun de toutes les religions du monde : les idéaux humanistes.

Ces deux étapes nous permettront d'agir à la fois individuellement et collectivement pour créer les conditions spirituelles nécessaires à la Paix du Monde.

Nous, praticiens de croyances distinctes, pouvons travailler ensemble pour la Paix universelle si nous envisageons les différentes religions essentiellement comme des instruments destinés à développer la générosité du cœur : l'amour, le respect de l'autre et le véritable sens de la communauté.

Il est plus important de considérer le dessein de chaque religion plutôt que les détails qui constituent sa théologie ou sa métaphysique, et qui ne peuvent que mener à l'intellectualisme.

J'ai foi en ce que les principales religions du Monde peuvent contribuer à la Paix du Monde, et fonctionner ensemble au profit de l'humanité, si nous mettons de côté les différences métaphysiques subtiles que représentent les caractéristiques internes à chacune d'entre elles.

En dépit de la sécularisation progressive provoquée par la modernisation mondiale, et en dépit des tentatives systématiques, dans quelques régions du monde que ce soit, de détruire les valeurs spirituelles, la grande majorité de l'humanité continue de croire à une religion ou à une autre.

La foi inaltérable en la religion, incontestable y compris sous les systèmes politiques non religieux, démontre clairement le pouvoir de la religion en tant que telle. Cette énergie et cette puissance spirituelles peuvent être employées à bon escient pour apporter les conditions spirituelles nécessaires à la paix du monde. Les chefs religieux et les humanistes ont, partout dans le monde, un rôle spécifique à jouer à cet égard.

Que nous puissions ou non réaliser la paix universelle, nous n'avons aucun autre choix que de travailler dans cet objectif. Si nos esprits sont dominés par colère, nous perdrons la meilleure partie de l'intelligence humaine – la sagesse, la capacité de discerner le vrai du faux. La colère est l'un des plus graves problèmes auxquels le monde est aujourd'hui confronté.

La puissance individuelle
pour former l'institution

La colère ne joue pas un rôle mineur dans des conflits actuels, tels que ceux du Moyen-Orient, de l'Asie du sud-est, les problèmes nord-sud, etc.

Ces conflits résultent d'un manque de compréhension de chacun à l'égard de l'humanité dans son ensemble.

La réponse n'est pas le développement et l'utilisation d'une plus grande force militaire, ni la course aux armements. Elle n'est ni purement politique ni purement technologique.

Fondamentalement, cette réponse est spirituelle, dans le sens où elle témoigne de la nécessité d'améliorer sensiblement notre situation humaine courante. La haine et le combat ne peuvent apporter le bonheur à personne, même aux gagnants des batailles. La violence engendre toujours la misère et par conséquent, elle est essentiellement contre-productive.

Il est donc temps que les leaders mondiaux apprennent à dépasser les différences de race, de culture et d'idéologie, et à observer la réalité humaine avec plus d'objectivité. Agir de la sorte bénéficierait aux individus, aux communautés, aux nations, et au Monde dans son ensemble.

La plupart des tensions actuelles dans le Monde semblent provenir du choc entre le « bloc oriental » et le « bloc occidental » qui perdure depuis la deuxième guerre mondiale.

Ces deux blocs tendent à s'envisager et se décrire sous un jour totalement défavorable. Ce prolongement déraisonnable de la lutte est dû à un manque d'estime et de respect mutuels des belligérants en tant que semblables humains.

Ceux du bloc oriental devraient tempérer leur haine envers le bloc occidental parce que celui-ci se compose également d'êtres humains — hommes, femmes, et enfants.

De même ceux du bloc occidental devraient tempérer leur haine envers le bloc oriental parce que ce dernier se compose également d'êtres humains.

Dans un contexte qui se réduit à une haine mutuelle, les chefs des deux blocs ont un rôle puissant à jouer. Mais en premier lieu, ceux-ci doivent d'abord réaliser leur propre humanité, ainsi que celle des autres. Sans cette prise de conscience capitale, on ne peut réduire efficacement qu'une très petite part de cette haine organisée.

Si, par exemple, le chef des États-Unis d'Amérique et le chef de l'Union des Républiques Socialistes Soviétiques se rencontraient soudainement au milieu d'une île déserte, je suis sûr qu'ils se répondraient spontanément en tant que semblables humains.

Mais un mur de soupçon et de malentendu mutuels les sépare dès lors qu'ils sont identifiés comme « Président des États-Unis » et « Secrétaire général de l'URSS ».

Un contact plus humain sous forme de réunions informelles prolongées, sans ordre du jour, améliorerait leur mutuel échange. Ils apprendraient à se comporter comme des êtres humains et pourraient alors essayer d'aborder les problèmes internationaux en se basant sur cet arrangement.

Lorsque deux parties négocient, plus particulièrement si elles ont une histoire faite d'antagonismes, elles ne peuvent négocier fructueusement dans une atmosphère de suspicion et de haine mutuelles.

Je propose aux leaders mondiaux de se réunir à peu près une fois par an, dans un bel endroit, sans affaires à traiter, juste pour faire connaissance entre êtres humains. Puis, ils pourraient se voir ensuite pour discuter de problèmes mutuels et globaux.

Je suis sûr que beaucoup d'autres partagent mon souhait de voir les leaders mondiaux se rencontrer à une table de conférence, dans cette atmosphère de respect mutuel et de prise en considération de l'humanité de chacun d'entre eux.

Pour améliorer le contact de personne à personne dans le Monde, au sens large, je voudrais que le tourisme international bénéficie d'un plus grand soutien.

Par ailleurs, les médias, particulièrement dans les sociétés démocratiques, peuvent contribuer largement à la Paix du Monde en assurant une plus grande diffusion aux articles qui traitent des intérêts humains, qui reflètent l'unicité ultime de l'humanité.

Avec l'apparition de quelques grandes puissances dans l'arène internationale, le rôle humanitaire des organismes internationaux est dévié et négligé. J'espère que l'on corrigera cela et que tous les organismes internationaux, en particulier les Nations Unies, seront plus actifs et efficaces tout en assurant un bénéfice maximal à l'humanité et en favorisant l'entente internationale.

Il serait en effet tragique que les quelques membres puissants continuent d'abuser d'organisations internationales comme l'ONU pour servir leurs intérêts unilatéraux.

L'ONU doit devenir l'instrument de la Paix du Monde. Cette organisation mondiale doit être respectée de tous, parce que l'ONU est l'unique source d'espoir pour les petites nations opprimées et, par conséquent, pour la planète tout entière.

Compte tenu que toutes les nations dépendent plus que jamais les unes des autres sur le plan économique, l'entente humaine doit dépasser les frontières nationales et embrasser la communauté internationale dans son ensemble. En effet, à défaut de créer une atmosphère de coopération véritable, obtenue non sous la menace ou par la force mais par un arrangement sincère, les difficultés du monde ne feront qu'augmenter.

Si l'on refuse aux peuples des pays les plus pauvres le bonheur auquel ils aspirent, et qu'ils méritent, ceux-ci seront naturellement insatisfaits et ils créeront des problèmes aux peuples des pays les plus riches.

Si des formes sociales, politiques et culturelles non désirés continuent d'être imposées à des peuples récalcitrants, la Paix est incertaine.

Néanmoins, si nous satisfaisons intimement les peuples, alors il est certain que la Paix viendra.

Dans chaque nation, l'individu devrait pouvoir aspirer au bonheur et l'on doit se soucier équitablement du bien-être des nations, y compris les plus petites.

Je ne suis pas en train de dire qu'un système est meilleur que les autres et que nous devrions tous l'adopter. Au contraire, il est souhaitable que l'on ait une série de systèmes politiques et d'idéologies qui s'accordent avec la variété des dispositions au sein de la communauté humaine. Cette variété met en valeur la quête incessante des humains pour le bonheur. Ainsi, chaque communauté devrait être libre d'élaborer son propre système politique et socio-économique, fondé sur le principe de l'autodétermination.

L'accomplissement de la justice, de l'harmonie et de la paix dépend de nombreux facteurs.

Nous devrions y penser en termes de bénéfices humains à longue plutôt qu'à courte échéance. Je réalise l'énormité de la tâche qui nous attend, mais je ne vois aucune alternative à celle que je propose – c'est-à-dire ce concept d'humanité commune.

Les nations n'ont pas d'autre choix que d'être soucieuses du bien-être des autres nations, moins en raison de leur foi en l'humanité, que parce que cette foi constitue, à long terme, l'intérêt mutuel de tous.

On peut appréhender cette nouvelle réalité grâce à l'apparition d'organismes économiques régionaux ou continentaux comme la Communauté économique européenne, l'Association des nations asiatiques du sud-est, etc. J'espère que l'on constituera davantage d'organismes transnationaux, en particulier dans les régions dans lesquelles le développement économique et la stabilité régionale semblent manquer.

Dans les conditions actuelles, le besoin croissant de compréhension entre les Hommes et du sens de la responsabilité universelle se fait indéniablement sentir. Afin de réaliser de telles idées, nous devons nous bâtir un cœur bon et aimable, sans lequel nous ne pouvons réaliser ni le bonheur universel, ni la Paix durable dans le Monde.

Ce n'est pas sur le papier que l'on peut bâtir la Paix.

Même en préconisant une responsabilité et une fraternité universelles, force est de constater que l'humanité est organisée en entités séparées, sous la forme de nationalités. Ainsi, dans un esprit de réalisme, j'ai le sentiment que ce sont ces sociétés-là qui doivent agir en tant que composantes de la Paix du Monde.

Des tentatives ont été faites dans le passé pour créer des sociétés plus justes et plus égalitaires. On a établi des institutions avec de nobles chartes destinées à combattre les forces antisociales. Malheureusement, de telles idées ont été dévoyées par l'égoïsme. Plus que jamais auparavant, nous sommes aujourd'hui témoins que l'éthique et les principes nobles passent dans l'ombre des intérêts particuliers, notamment dans la sphère politique.

À tel point qu'une école de pensée nous conseille même de nous abstenir tout à fait de faire de la politique, car elle serait devenue synonyme d'amoralité. Certes, une politique sans éthique ne saurait promouvoir le bien-être humain ; une vie sans moralité, quant à elle, rabaisse les humains au rang de bêtes. Cependant, la politique n'est pas axiomatiquement « sale ». En revanche, ce sont les instruments de notre culture politique qui ont déformé les idéaux élevés et les nobles concepts destinés à favoriser le bien-être humain.

Naturellement, les personnes soucieuses de spiritualité expriment leurs inquiétudes à l'égard des chefs religieux qui « touchent » à la politique, parce qu'ils craignent la contamination de la religion par une politique sale.

Pour ma part, je remets en cause l'hypothèse répandue selon laquelle la religion et l'éthique n'ont pas leur place en politique, ou que les religieux devraient se retirer comme ermites.

Une telle vision de la religion est par trop unilatérale ; elle manque d'une perspective appropriée de la relation de l'individu à la société ainsi que du rôle de la religion dans nos vies.

L'éthique est aussi cruciale à un politicien qu'elle l'est à un religieux. Lorsque les politiciens et les gouvernements oublient les principes moraux, les conséquences qui s'ensuivent sont dangereuses. Si nous croyons en Dieu, ou au karma, l'éthique est à la base de toutes les religions.

Des qualités humaines comme la moralité, la compassion, la décence, la sagesse, etc., ont été les bases de toutes les civilisations. Ces qualités doivent être cultivées et soutenues par une systématique éducation morale, dans un environnement social favorable, de sorte qu'un monde plus humanitaire puisse naître. Les qualités exigées pour créer un tel monde doivent être inculquées dès l'enfance.

Nous ne pouvons pas attendre la prochaine génération pour apporter cette modification ; la génération actuelle doit essayer de renouveler les valeurs humaines essentielles.

S'il existe un quelconque espoir, ce sont bien les générations futures ; mais nous devrons, avant cela, instituer à l'échelle mondiale un changement radical de notre système éducatif actuel. Nous avons besoin d'une révolution dans notre engagement et dans notre pratique des valeurs humanistes universelles.

Manifester bruyamment pour mettre fin à la dégénérescence morale est insuffisant : nous devons agir contre cela. Puisque les gouvernements actuels n'assument pas ces responsabilités « religieuses », les chefs humanistes et religieux doivent renforcer les organismes civiques, sociaux, culturels, éducatifs et religieux existants pour rétablir des valeurs humaines et spirituelles. Là où c'est nécessaire, nous devons créer de nouveaux organismes pour atteindre ces objectifs. Ce n'est qu'en agissant de la sorte que nous pouvons espérer créer une base plus stable pour la paix universelle.

Puisque nous vivons en société, nous devrions partager les douleurs de nos semblables et pratiquer la compassion et la tolérance non seulement à l'égard de ceux que nous aimons, mais également envers nos ennemis.

C'est la preuve de notre force morale.

Par notre propre pratique, nous devons donner l'exemple, parce que nous ne pouvons pas espérer convaincre les autres de la valeur de la religion par les seuls mots. Nous devons vivre selon les mêmes niveaux élevés d'intégrité et accomplir les sacrifices que nous réclamons des autres.

L'ultime dessein de toutes les religions est de servir l'humanité, de lui bénéficier.

C'est pourquoi il est si important que la religion soit toujours employée à réaliser le bonheur et la paix de tous les êtres, et pas simplement dans le but de convertir autrui.

En religion, il n'y a jamais de frontière nationale. Une religion peut et devrait pouvoir être utilisée par n'importe quel peuple ou individu qui la trouve salutaire. Ce qui est important, pour celui qui cherche, c'est de choisir la religion qui lui convient le mieux. Mais le fait d'embrasser une religion particulière ne signifie pas le rejet d'une autre ou de sa propre communauté.

En fait, il est important que ceux qui adhèrent à une religion ne se coupent pas de leur société d'origine ; ils devraient au contraire continuer à vivre au sein de leur propre communauté, en harmonie avec ses membres.

En vous évadant de votre propre communauté, vous ne pouvez pas bénéficier des autres, alors que cet apport est réellement l'intention de base de la religion.

À ce sujet, il faut garder deux choses importantes à l'esprit : l'examen de conscience et l'amélioration de soi. Nous devrions constamment vérifier notre attitude envers les autres, faire un examen minutieux de nous-mêmes et nous corriger immédiatement quand nous découvrons que nous sommes dans l'erreur.

CR

En conclusion, quelques mots concernant le progrès matériel.

J'ai entendu beaucoup d'occidentaux se plaindre du progrès matériel, alors que, paradoxalement, le progrès a été la fierté même du monde occidental. Je ne vois rien de mal au progrès matériel en soi, à moins que les gens ne lui accordent toujours la priorité. J'ai la ferme conviction que nous devons combiner et harmoniser le développement économique avec l'expansion spirituelle afin de résoudre des problèmes humains dans toutes leurs dimensions.

Cependant, nous devons connaître ses limites. Bien que la connaissance matérialiste, sous forme de science et de technologie, ait énormément contribué au bien-être humain, elle n'est pas en mesure de créer un bonheur durable. Aux États-Unis, par exemple, où le développement technologique est peut-être plus avancé que dans n'importe quel autre pays, subsiste encore beaucoup trop de souffrance morale et psychologique.

C'est parce que la connaissance matérialiste ne peut que fournir un type de bonheur qui dépende des conditions physiques.

Il ne peut pas fournir le bonheur jailli du développement intérieur, indépendamment des facteurs externes.

Pour renouveler les valeurs humaines et atteindre le bonheur durable, nous devons détailler l'héritage humanitaire commun à toutes les nations du monde.

Puisse cet essai servir de rappel urgent de peur que nous oubliions les valeurs humaines qui nous unissent tous, en tant que famille unique de cette planète.

J'ai écrit les lignes ci-dessus
Pour dire mon sentiment constant.
Chaque fois que je rencontre un « étranger »,
J'ai toujours le même sentiment :
« Je rencontre un autre membre de la famille des humains »,
Cette attitude a approfondi
Mon affection et mon respect pour tous les êtres.
Puisse ce souhait naturel être
Ma petite contribution à la paix mondiale.
Je prie pour une famille humaine plus amicale,
Plus dévouée et plus compréhensive.
À tous ceux qui n'aiment pas souffrir,
Qui chérissent le bonheur,
Ceci est mon appel le plus sincère.

TABLE

Achevé d'imprimer en août 2008
sur les presses du
Groupe Horizon

Parc d'activités de la plaine de Jouques
200, avenue de Coulin
13420 Gémenos – FRANCE

pour le compte des
Éditions L'Arganier

N° d'impression : 0807-122

Imprimé en France